W0344040

TAYLOR SWIFT

LE GUIDE ULTIME

KATHLEEN PERRICONE

ILLUSTRÉ PAR ADRIAN VALENCIA

LAROUSSE

SOMMAIRE

INTRODUCTION

Dear Reader,

Connaître Taylor Swift, c'est l'aimer dans un langage ponctué de cris, de pleurs, de pas de danse en plein orage, avec la couleur rouge ou le rugissement d'une voiture qui file au loin, en susurrant des mots doux et, toujours, en soutenant éternellement les antihéros.

Depuis sa percée en 2006, la chanteuse-compositrice a charmé des dizaines de millions de fans à travers le monde avec ses tubes accrocheurs et ses paroles de chansons auxquelles chacun peut s'identifier. En outre, Taylor a le talent particulier de créer du lien avec ses fans comme aucun autre artiste contemporain actuel. Ce lien, c'est ce qui permet à cette communauté d'être intrépide avec *Fearless*, de faire entendre sa voix à la *Speak Now*, de recommencer à zéro comme

dans *Begin Again*, d'ignorer les médisances en écoutant *Shake It off*, et de se créer des souvenirs incandescents avec *All too Well*. Selon un sondage datant de 2023, plus de la moitié des adultes aux États-Unis se considèrent comme des « Swifties », d'après le nom officiel donné aux fans de la chanteuse. Parmi eux, 23 % sont des *baby-boomers*, nés entre 1946 et 1964. Taylor Swift, née en 1989, transcende les âges et donne à tous le sentiment d'avoir éternellement vingt-deux ans.

Son influence s'étend bien au-delà des ventes de disques : elle incarne avec succès aussi bien la femme à chats que les serpents et les nuits blanches, elle a remis les Polaroïd au goût du jour, et elle a même transformé un quartier pittoresque de New York en incontournable de la pop culture. Elle a terminé l'année au sommet, comptabilisant 262 millions de dollars de recettes au box-office pour le film de son concert *The Eras Tour*.

Sa créativité infinie fait de Taylor une artiste incontestée.

Taylor était loin de s'imaginer l'impact historique qu'elle aurait sur la pop culture en tant que chanteuse-compositrice. Outre l'exploit de faire partie des artistes les plus écoutés de tous les temps (avec 200 millions d'albums vendus à ce jour), elle est en tête des *streams* sur Spotify, la première artiste à avoir remporté le prix de l'album de l'année aux Grammy Awards pour quatre albums différents (« Fearless », « 1989 », « Folklore », « Midnights ») et se hisse invariablement à la première place du classement Billboard avec plus de hits que n'importe quelle autre artiste féminine. Et elle ne se contente pas de battre des records : elle redéfinit constamment les standards, comme en novembre 2022 quand « Midnights », lors de sa première semaine de sortie, occupe les dix premières places du classement Billboard. Cette pionnière d'un extrême talent ouvre non seulement la voie à ses pairs, mais elle met aussi un point d'honneur à toujours les soutenir.

Sa créativité infinie fait de Taylor une artiste incontestée : elle a écrit des centaines de chansons, réalisé treize de ses clips musicaux, joué dans cinq films à Hollywood, s'apprête à écrire et réaliser son premier long-métrage pour Searchlight Pictures. On comprend aisément pourquoi l'université de New York lui a accordé un doctorat honorifique en beaux-arts – un doctorat utile « spécifiquement dans le cas où l'urgence consiste à écouter une chanson entraînante et un prérefrain à l'effet particulièrement libérateur », comme elle le dit en plaisantant dans son discours lors de la remise des diplômes.

Si son histoire est sans pareille, rétrospectivement, on pouvait toutefois deviner son incroyable destin, grâce aux indices qu'elle a semés et aux fils invisibles qui l'y ont guidée. Après tout, *Mastermind* n'est pas qu'une chanson, c'est un état d'esprit.

CHAPITRE UN

La fabrique d'un génie musical

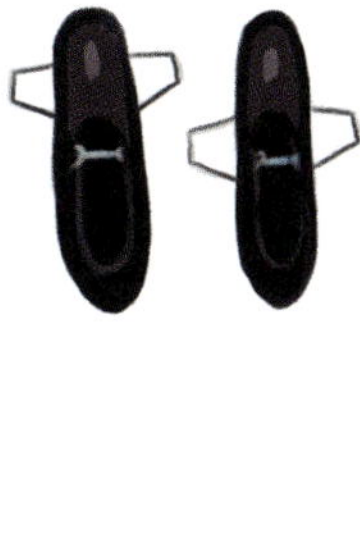

PETITE FILLE, GRANDS RÊVES

Dès l'instant où Taylor Alison Swift apprend à parler, elle commence à chanter. Et avant même d'apprendre à lire, elle crée d'innombrables histoires pour s'endormir et d'incroyables contes de fées. Son enfance à Wyomissing, en Pennsylvanie, voit la petite fille férue de chats et de dessins animés Disney se passionner aussi pour Dr. Seuss et Shel Silverstein, dont la poésie lui apprend très tôt le sens de la rime. Le destin voudra que, des années après, Taylor soit choisie pour interpréter Audrey, la jolie voisine de Ted Wiggins (à qui Zac Efron prête sa voix) dans l'adaptation de *Lorax* en 2012.

Lors d'une interview au Today Show, elle explique : « J'étais ravie de pouvoir faire partie de ce film. Dr. Seuss est, d'une certaine manière, l'un des poètes et auteurs dont l'œuvre m'a aidée à peaufiner ma capacité à composer. La découverte de ses livres, étant enfant, a été une révélation pour moi. »

L'écriture a toujours été pour elle un moyen de s'exprimer, surtout dans un contexte de difficultés de socialisation à l'école – « Un jour, raconte-t-elle, un groupe d'amies a arrêté tout simplement de me parler. » À cette époque déjà, puiser dans ses émotions pour sa pratique artistique porte ses fruits : en CM1, son poème de trois pages intitulé *le Monstre dans mon placard* gagne un concours à l'échelle nationale. Parallèlement, elle développe un talent inné pour le chant. Sa grand-mère, Marjorie Finlay, est une chanteuse d'opéra professionnelle qui s'est produite à Singapour et Puerto Rico, et elle se trouve être l'une de ses premières sources d'inspiration. LeAnn Rimes, que Taylor découvre à l'âge de six ans, en fait également partie. Charmée par la sonorité et la dimension narrative de la musique country, elle confie à *Rolling Stone* en 2009 : « Tout ce que j'ai voulu écouter à partir de là, c'était de la country. J'adorais les incroyables artistes féminines country des années 1990 – Faith [Hill], Shania [Twain], les Dixie Chicks [aujourd'hui The Chicks]. Elles avaient toutes leur style musical particulier et des convictions admirables. » Plus tard, elle montera sur scène avec chacune d'elles.

Impatiente d'imiter ses idoles, Taylor rejoint une compagnie locale de théâtre pour enfants, dont elle décroche les rôles principaux dans *Grease* et *Bye Bye Birdie*. C'est néanmoins aux rassemblements festifs de la troupe qu'elle révèle l'étendue de son talent avec ce qu'elle « aime plus que tout au monde » : un appareil à karaoké. Taylor s'empare naturellement du micro pour interpréter des reprises de ses chansons country préférées. Elle rêve rapidement d'une scène plus grande, ce qu'elle trouve à onze ans dans

TOUTES SES IDOLES

Alors qu'elle n'est qu'une enfant, Taylor écoute déjà différents styles de musique. En plus des superstars de la country Shania Twain, Faith Hill, Tim McGraw, Keith Urban et The Chicks, elle s'intéresse aux artistes préférés de ses parents, comme Stevie Nicks, Paul McCartney, Carole King et James Taylor — de qui elle tient son prénom.

Incroyable mais vrai : une fois reconnue en tant qu'artiste, elle collaborera avec chacune de ses idoles. Elle a tout d'abord fait la première partie de la tournée Soul2Soul de Hill et McGraw en 2007, puis elle a enregistré *Soon You'll Get Better* avec The Chicks et *That's When* avec Keith Urban ; elle a partagé l'affiche de *Rolling Stone* avec McCartney et présenté King lors de son introduction au Rock and Roll Hall of Fame. « Carole s'est assurée que tous les artistes comme moi sachent que raconter leur propre histoire est une opportunité de faire entendre leur voix qui vaut les efforts et le travail qu'on y consacre, affirme Taylor. Et que l'amour de la musique transcende les générations. »

l'annuaire en cherchant des concours de karaoké : le Pat Garrett Roadhouse, à Strausstown, à 30 kilomètres de chez elle. Chaque semaine pendant un an et demi, ses parents la conduisent dans ce bar enfumé où elle affronte des adultes, jusqu'à ce que sa reprise de *Big Deal*, de Rimes, lui rapporte une victoire, celle d'assurer la première partie de Charlie Daniels à l'amphithéâtre de la rue d'en face, quand bien même la star de la country ne monte sur scène que dix heures plus tard, à 20 heures.

L'année d'après, une belle occasion se présente : on lui propose de chanter l'hymne national devant 20 754 personnes lors d'un match de basket des 76ers de Philadelphie. C'est son petit frère Austin qui répond au téléphone lorsque leur père, Scott, appelle pour annoncer la bonne nouvelle, le 1er avril 2002. Taylor n'arrive pas à y croire et pense qu'il s'agit d'un poisson d'avril de la part de son frère. Quatre jours plus tard, la famille Swift est au Wells Fargo Center pour accompagner la fillette, qui a sa propre loge et même un garde du corps, sur le tapis rouge menant au terrain de jeu de la NBA.

L'animatrice annonce sa venue : « Mesdames et messieurs, Taylor Swift ! » Celle-ci s'avance au milieu de la scène, cheveux blonds et tee-shirt à l'effigie du drapeau américain, avec son gilet et son bandeau rouges.

Deux semaines plus tard, Kathy Drysdale, directrice générale des opérations, raconte au *Reading Eagle* : « Elle a une voix extraordinaire qui capte l'attention de tout le monde. » C'est elle qui a sélectionné Taylor à partir de la cassette d'audition envoyée par son père. « Sa voix est tellement puissante et solide, à douze ans seulement. On la regarde et on se dit : "C'est vraiment elle qui chante ?" »

Pourtant, malgré ses apparitions de plus en plus remarquées, Taylor ne sait toujours pas jouer de cette guitare qu'on lui a offerte à Noël il y a quelques années et qui prend la poussière dans un coin de sa chambre. Un beau jour, le déclic se produit, ou « un coup magique du destin », comme elle le dit dans un DVD promotionnel pour « Fearless » : Ronnie Cremer, un informaticien, remarque la guitare lorsqu'il se rend chez les Swift pour réparer l'ordinateur de Taylor. Elle lui confirme que c'est la sienne, mais qu'elle ne sait pas s'en servir. « Tu veux que je t'apprenne quelques accords ? », propose-t-il en sa qualité de musicien local chevronné. Taylor accepte avec joie, et le reste appartient à l'Histoire. Cette même nuit, elle écrit *Lucky You* avec les trois accords qu'elle connaît (sol, ré et do), à propos d'une « petite fille dans une petite ville » qui n'arrive pas à s'intégrer parce qu'elle est différente des autres. Ça vous rappelle quelqu'un ? « Le lendemain, j'ai écrit ma deuxième chanson, le surlendemain, ma troisième. Je ne pouvais plus m'arrêter », rapporte-t-elle au journal *The Australian* en 2009.

Les leçons hebdomadaires de Cremer ont lieu le mardi et le jeudi de 17 heures à 20 heures, pour 32 dollars de l'heure. « Honnêtement, je l'ai trouvée très bonne élève », raconte-t-il au *New York Daily News* en 2015. Au bout de quelques mois, ils en viennent à l'écriture de chansons à l'aide d'un logiciel de composition appelé Ableton Live. « Je lui ai dit : "Voilà ton refrain et ton couplet. Joue un peu avec et vois ce que ça donne..." Elle a tout de suite compris et se l'est approprié. »

L'inspiration lui est venue sans mal. À l'époque, ses camarades se moquent d'elle, de ses cheveux frisottés et des pansements qui cachent les durillons apparus sur ses doigts à force de jouer de la guitare. Son groupe d'amies finit également par l'exclure et la laisse déjeuner seule. La composition devient alors un mécanisme de survie et la préadolescente consacre chaque moment possible à l'écriture, couchant sur papier ses peines sublimées des quelques accords qu'elle sait jouer.

Taylor
Swift

BIENVENUE À NASHVILLE

Après avoir vu un documentaire sur Faith Hill, la star de country, Taylor rapporte au *Telegraph* londonien en 2011 qu'elle brûlait alors « de se rendre dans cette contrée magique où tous les rêves deviennent réalité et qui s'appelle Nashville ».

En 2001, Andrea Swift et sa fille pleine d'ambition parcourent plus de 1 100 kilomètres vers le sud pour aller visiter la capitale musicale du Tennessee. Taylor passe ses vacances de printemps à distribuer ses maquettes de reprises karaoké aux studios de production, pendant que sa mère et son frère l'attendent dans la voiture. Elle confie à *Entertainment Weekly* en 2008 : « Je leur disais : "Bonjour, je m'appelle Taylor, j'ai onze ans et je veux signer chez vous. Voilà mon numéro !" »

Personne ne la rappelle, mais Taylor n'a pas dit son dernier mot. Deux ans plus tard, elle retourne à Nashville avec une démo de compositions originales qui attire l'attention de plusieurs studios. Elle choisit finalement RCA Studio B et signe un contrat de développement qui persuade ses parents de quitter leur Pennsylvanie et d'emménager dans le Tennessee en 2004, peu après le quatorzième anniversaire de leur fille. Son père, Scott, est courtier ; il organise sa mutation chez Merrill Lynch à Nashville et la famille s'installe en banlieue, près de Hendersonville. Néanmoins, l'impératif n'était pas de « percer », affirme Andrea. « Il y aurait toujours une porte de sortie vers une vie normale si elle décidait finalement que ce n'était pas pour elle. Mais pour Taylor, ça revenait à lui dire : "Si respirer n'est pas pour toi, ce n'est pas grave." »

L'été avant sa rentrée en classe de troisième, Taylor passe son temps à composer auprès d'artistes chevronnés tels que les Brett Beavers, qui ont écrit pour Tim McGraw et Martina McBride. Mais elle ne se laisse pas impressionner ; elle arrive à leur première session avec quinze chansons à peaufiner. « J'avais bien en tête les préjugés que les gens ont quand on leur parle d'une "fille de quatorze ans", selon lesquels je n'étais pas sérieuse, relate-t-elle au *New York Times*. J'avais besoin de leur prouver que ça me tenait à cœur, que j'étais prête à tout pour y arriver. » Sans surprise, dès juillet, elle a déjà écrit quatre-vingt-quatre chansons. Cependant, RCA préfère qu'elle « chante ce qu'on écrit pour elle », selon sa déclaration à *Entertainment Weekly* en 2007. « Ce n'était pas ce que je voulais faire. Je savais qu'il fallait que je me démarque d'une manière ou d'une autre, et je savais que ce serait en écrivant ma propre musique. » Elle s'inquiète aussi de se retrouver aux oubliettes et écrasée par les rouages d'un studio aussi gros que RCA, qu'elle décide finalement de quitter. « Je voulais travailler avec un studio qui avait besoin de moi, qui misait sur mon succès. Ce genre de pression me galvanise. »

Par chance, elle va obtenir exactement ce qu'elle souhaite, mais pas immédiatement. Scott Borchetta, de Universal Music, la repère lors d'une scène ouverte au célèbre Bluebird Cafe à Nashville et « l'écoute plus attentivement que tous les autres ». Taylor s'en souvient. Il lui présente un dilemme quelques semaines plus tard : « La bonne nouvelle, m'a-t-il annoncé, c'est que je veux t'offrir un contrat ; la mauvaise nouvelle, c'est que je ne travaille plus chez Universal Records », raconte-t-elle à *Entertainment Weekly*. Alors en pleine construction de sa propre maison de disques indépendante, Big Machine Records, Scott Borchetta lui demande de ne signer avec personne d'autre jusqu'à ce qu'il puisse officiellement travailler avec elle. C'était risqué, mais « j'ai suivi mon instinct, qui me disait "Accepte !" », confie-t-elle à Hoda Kotb sur NBC en 2009.

En attendant Big Machine, Taylor signe un contrat d'édition historique avec Sony/ATV Nashville, devenant ainsi la plus jeune artiste de leur portfolio. « C'était une star » dont la « présence suffisait à illuminer une pièce », explique un des cadres de Sony, Arturo Buenahora.

Rapidement, Taylor développe une double vie : elle passe ses journées d'adolescente au lycée Henderson et ses nuits à travailler main dans la main avec de nombreux compositeurs professionnels, « comme si j'avais quarante-cinq ans », pour honorer son contrat avec Sony. « Elle avait une idée tellement précise de ce qu'elle voulait dire », se souvient avec admiration Liz Rose, qui a collaboré avec Taylor sur plusieurs de ses albums. « Elle venait travailler avec d'incroyables accroches. » Bien sûr, le moulin à créativité tournait aussi en journée, poussant l'adolescente à noircir ses carnets de mathématiques de paroles de chansons, avant de demander à sortir de la classe pour aller enregistrer une mélodie sur son téléphone afin de ne pas risquer de l'oublier.

Lorsqu'elle officialise son partenariat avec le nouveau label Big Machine en 2005, Taylor a déjà rassemblé pléthore de matériel en vue de son premier album, « Taylor Swift », qu'elle enregistre en à peine quatre mois. « J'ai eu la chance de lancer de grands artistes, de Trisha Yearwood à Sugarland, en passant par bien d'autres talents. Cet album me semble tout aussi monumental », déclare Borchetta à *Billboard* à l'époque.

LES DÉBUTS EN COUNTRY

Lorsqu'il faut choisir la chanson qui fera connaître Taylor Swift auprès de millions de fans de country, Scott Borchetta n'hésite pas une seconde. Ce sera *Tim McGraw*, qu'elle a écrit en entrant au lycée et qui traite de l'imminent départ à la fac de son petit ami de terminale et de sa détermination à chérir le souvenir du temps passé ensemble, comme cette nuit où ils ont dansé sur sa chanson préférée de Tim McGraw, *Can't Tell Me Nothin'*. Dès qu'elle interprète ce morceau devant Borchetta, la décision est prise : « Ce sera ton premier single. »

À ses débuts, Big Machine opérait à petite échelle. À la sortie de *Tim McGraw*, le 19 juin 2006, l'entreprise compte seulement dix personnes.

Taylor et Andrea mettent donc la main à la pâte pour l'envoi postal des CDs aux stations de radio. « On s'est assises par terre pour travailler parce qu'il n'y avait encore aucun meuble », racontera-t-elle à *Entertainment Weekly*. La promotion du premier album de Taylor est sommaire, menée par l'adolescente et sa mère, une ancienne responsable marketing. MySpace, largement utilisé par Taylor pour communiquer avec ses fans et obtenir leurs avis sur les prochains singles à sortir, est la pierre angulaire de leur stratégie. Ce réseau social, sur lequel elle obtient 14 millions de *streams* pour sa musique un an seulement après la sortie de son premier single, « nous a permis de partager l'histoire de Taylor, explique Rick Barker, un de ses managers de l'époque. C'est entièrement son espace. Elle a écrit sa présentation, elle rédige les billets de son blog et elle répond elle-même aux commentaires. La plupart du temps, il est évident que c'est quelqu'un d'autre qui est payé pour gérer ça. Notre ingrédient secret, c'est Taylor de A à Z. »

L'utilisation des réseaux sociaux permet de présenter Taylor à un public plus jeune que celui de la musique country, majoritairement composé de femmes plus âgées. L'adolescente mise sur sa musique plutôt que sur son âge.

Le succès de *Tim McGraw* lui donne raison en se hissant dans le Top 10 de Billboard des meilleures chansons country et offre un avant-goût de son talent pour écrire des textes qui parlent à tout le monde. « Je crois que *Tim McGraw* a bien marché parce que la mélancolie est universelle ; tout le monde a eu et perdu une relation pourtant très précieuse, explique-t-elle à *Entertainment Weekly*. Je crois que faire le deuil de ce qui aurait dû être et n'a pas été est une des émotions les plus puissantes et les plus fédératrices. Tout le monde sait de quoi je parle. C'était une bonne chose de commencer avec cette chanson, parce que beaucoup peuvent s'identifier à cette personne qui veut quelque chose qu'elle ne peut pas avoir. »

Taylor travaille dur à la promotion de son premier album. Elle passe la majorité de l'année 2006 sur la route, ce qui l'oblige à opter pour l'enseignement à domicile pour son année de seconde. Elle révèle à CMT : « Pour la majorité des artistes, les tournées radio durent six semaines. Pour moi, ça a duré six mois. J'en avais envie, je tenais à rencontrer personnellement chaque personne qui m'offrait son soutien. » Son année se termine sur une première partie pour Rascal Flatts, et Taylor traverse les États-Unis durant toute l'année 2007 avec George Strait, Brad Paisley et les idoles de son enfance, Tim McGraw et Faith Hill lors de leur tournée combinée, Soul2Soul II. À chaque étape, elle rassemble toujours plus de fans. « J'ai toujours du mal à y croire, dit-elle à l'époque. À la fin de tous ces concerts, les gens font la queue pour avoir mon autographe. C'est surréaliste que ma signature sur un bout de papier vaille vraiment quelque chose aux yeux de quelqu'un. »

Jusqu'à la fin de la tournée un an plus tard, la demande des fans pour la rencontrer avant et après les concerts a considérablement augmenté. Les sessions durent souvent plus de deux heures et se terminent une fois que la dernière personne présente a pu voir Taylor, jamais avant. Celle-ci distribue autographes et photos avec le sourire, si nécessaire sur son temps libre. « Elle ne peut plus aller faire les courses sans qu'on l'aborde, ce qui lui fait très plaisir », confie Andrea à *Entertainment Weekly* en 2008. « Elle est ravie quand les gens prennent la peine de venir lui dire : "J'adore tes chansons, est-ce que je peux avoir une photo ?" Elle attrape l'appareil, leur dit "Viens !" et pose avec eux. Elle est reconnaissante de cet intérêt ; c'est ce qui la distingue d'autres qui arrivent à ce stade de célébrité et qui veulent préserver leur vie privée ; pour elle, ce n'est pas vraiment un problème. »

LE SUCCÈS INTERNATIONAL

Juste un coup de chance, le succès retentissant de Taylor Swift ? Borchetta l'admet : « J'ai peur qu'elle arrive au sommet à l'âge de dix-neuf ans et qu'elle se dise : "C'est tout ?" »

Mais Taylor n'est pas une artiste comme les autres ; elle enregistre déjà son second album, « Fearless », pour lequel elle écrit soixante-quinze chansons. Son premier single, *Love Story*, est la première chanson country à occuper la première place du Top 40 Mainstream de Billboard. En 2010, à vingt ans, elle remporte quatre Grammys, dont celui de l'album de l'année, qu'elle est historiquement la plus jeune artiste à obtenir à l'époque.

« Fearless » lui apporte également le respect de la presse musicale, qui s'accorde à dire que sa percée dans le domaine de la pop est un succès, d'autant plus avec un seul album country à son actif. Ses débuts dans une sphère musicale plus populaire atteignent un nouveau public, immédiatement touché par ses textes accrocheurs et universels. « "Fearless" ne pourrait pas plus donner l'impression de venir tout droit du journal intime d'une jeune fille comme les autres, sauf à être agrémenté de dessins d'arc-en-ciel et de licornes », commente Jody Rosen dans sa rubrique sur « le charme particulier de Taylor Swift » pour *Rolling Stone*. De son côté, le *Los Angeles Times* décrit la chanteuse comme « la célèbre ado dont toutes les filles veulent être l'amie, et tous les garçons, le petit ami ».

Alors que sa popularité devient exponentielle aux États-Unis et à travers le monde, Taylor annonce sa première tournée solo, avec 118 dates en Amérique du Nord, en Europe, en Asie et en Australie. Les billets des 52 premières dates sont vendus en un temps record, notamment son concert d'août 2009 au célèbre Madison Square Garden de New York, complet en moins d'une minute. La tournée dure un an, et Taylor a la ferme intention de capitaliser sur son succès et son extraordinaire popularité : dès son retour, elle se lance dans l'enregistrement de son troisième album. Si la presse la suit partout, personne ne sait véritablement ce qu'elle vit en dehors des projecteurs. « Ces deux dernières années, j'ai eu la chance de vivre de nombreuses choses qui m'ont donné envie d'écrire », explique-t-elle à *Songwriter Universe*. Et c'est ce qu'elle fait : pour la première fois, sur « Speak Now », Taylor écrit toute seule l'intégralité de ses chansons et partage intimement avec son public ses peines de cœur et amours à sens unique, son passage à l'âge adulte et l'adversité rencontrée (*Innocent* est écrite suite à l'interruption publique, en 2009, de son discours d'acceptation du VMA – Video Music Award – du meilleur clip d'une artiste féminine par

Kanye West, qui estime que Beyoncé aurait dû l'emporter). Les fans sont au rendez-vous : quasi toutes les chansons de l'album caracolent en tête du Top 100 de Billboard la semaine de sa sortie. Taylor devient ainsi la première artiste féminine à cumuler onze chansons au classement. « Speak Now » se vend à 6 millions d'exemplaires, un score inférieur à celui de « Fearless » mais tout aussi impressionnant au vu du climat dans l'industrie musicale de l'époque, car avec l'avènement du streaming, les ventes de disques physiques chutent de 50 % – à savoir que 1 500 *streams* ou 10 téléchargements d'une chanson correspondent à un album vendu.

L'intérêt pour la musique de Taylor n'a d'équivalent que celui pour sa vie amoureuse – quotidiennement, les photos des paparazzis qui la suivent partout font la une des journaux, avec des légendes allant de : « Bébé et mariage » à « Incapable de garder un homme ? » Taylor reprend le contrôle narratif de son histoire avec son quatrième album, « Red », qui survient dans la foulée de sa rupture très médiatisée avec Jake Gyllenhaal en 2012. Une nouvelle fois, elle prouve son génie avec une troisième sortie qui se classe numéro 1 des ventes et des résultats records – 1,2 million d'exemplaires vendus en une semaine – et devient la première artiste féminine à rester sept semaines à la première place du Billboard 200. Bien qu'il soit plus axé pop que ses prédécesseurs, « Red » rafle plusieurs récompenses en country.

L'évolution de Taylor en tant qu'artiste a alors atteint un tel niveau qu'un changement de genre est inévitable. En 2021, lors de la sortie de « Red (Taylor's Version) », Rob Sheffield de *Rolling Stone* estime rétrospectivement que cet album a été l'avènement de Taylor, « non pas en tant qu'ultime compositrice pop de sa génération, mais de toutes les générations. [...] "Red" n'est pas son premier chef-d'œuvre, mais c'est celui qui a posé les fondations de l'univers Swift, où chaque écharpe perdue est un hymne culte en devenir. »

LE PASSAGE À LA POP

Le style de Taylor s'éloigne un peu plus de ses origines country à chaque album en explorant une multitude de genres, du rock à la dubstep en passant par le pop-punk.

Son cinquième album, « 1989 », est un pari qui officialise son nouveau statut de reine de la pop. De loin son album le plus vendu, il surpasse toutes les attentes commerciales, occupant la première place du Billboard 200 pendant onze semaines consécutives – et il reste dans le Top 10 pendant tout une année. Il est également porté aux nues par la presse et collectivement considéré comme l'un des meilleurs albums de 2014 ; il rapporte notamment à Taylor deux récompenses clés aux Grammy Awards : son deuxième album de l'année et son premier meilleur album vocal pop.

Si « 1989 » est un album festif pour Taylor, rien ni personne n'aurait pu imaginer qu'elle pourrait tomber du haut de son piédestal. En 2016, après sa séparation d'avec Calvin Harris, elle révèle avoir coécrit *This Is What You Came for*, le tube de Harris avec Rihanna, et se voit accusée sur Twitter par son ancien petit ami de vouloir « ternir sa réputation ». Celui-ci fait également référence au conflit entre Taylor et Katy Perry, qui va finalement intervenir. Quelques jours plus tard, la relation que Taylor a renouée avec Kanye West se retourne contre elle lorsqu'elle condamne le « message à fort caractère misogyne » de paroles écrites par le rappeur à son sujet dans sa nouvelle chanson, *Famous*.

Ce dernier réplique en assurant avoir obtenu l'accord de Taylor par téléphone dans une conversation privée, secrètement enregistrée et publiée sur Snapchat par sa femme d'alors, Kim Kardashian. Bien que la discussion ait été lourdement remaniée pour coller à la version de Kanye, les réseaux sociaux s'enflamment : on qualifie Taylor de menteuse, de manipulatrice, puis les émojis serpent et le hashtag #TaylorSwftIsOverParty (#C'estFiniPourTaylorSwift) fleurissent sur Twitter. La fiancée de l'Amérique tombe de haut et se retire du paysage public pendant plus d'un an suite à la « vague d'humiliations » qu'elle a subies.

Taylor signe cependant son retour et redore son blason avec son sixième album, « Reputation », manifestement plus sombre, qu'elle annonce dans un style inédit, avec une vidéo énigmatique d'un serpent qui siffle à l'écran. Elle a visiblement manqué à ses fans ; son premier single, *Look What You Made Me Do*, démarre en tête des classements, et 1 million d'exemplaires de « Reputation » se vendent le jour même de sa sortie, le 10 novembre 2017. Taylor ne fait aucune promotion pour cet album qui parle de lui-même. Deux ans après, quand elle renoue avec les médias pour son album « Lover », elle revient avec sagesse sur cette période et explique à *Vogue* que cette controverse avec Kanye West fut un mal pour un bien : elle n'a pas eu d'autre choix que de sortir de ce cocon de pop star parfaite dont elle était prisonnière pour faire peau neuve.

TOUT OU RIEN

Déterminée à réussir son passage à la pop, Taylor coupe le cordon avec la musique country pour son album « 1989 ».

À la demande de la chanteuse, aucun single n'est envoyé aux stations radio de country, et elle décline les invitations aux soirées de récompenses country, malgré l'insistance de sa maison de disques.

À l'époque, la radio country pèse lourd dans l'industrie, en grande partie grâce à Taylor, d'ailleurs ; on l'avertit que l'absence de ce soutien pourrait bien avoir des répercussions sur la réception de l'album. « On ne peut pas courir deux lièvres à la fois » explique-t-elle à *Rolling Stone* au sujet de son positionnement clairement pop. Une décision controversée, mais qui a porté ses fruits : le succès commercial de « 1989 » transforme l'artiste country en icône de la pop.

Calm Down
Lover
VOTE

PRISE DE POSITION

À l'approche de ses trente ans, Taylor trouve le courage de faire entendre sa voix et d'agir pour le changement aux États-Unis. Tout commence en 2018, durant la campagne pour les élections de mi-mandat du 6 novembre où démocrates et républicains se disputent le contrôle du Sénat et du Congrès.

Taylor est particulièrement inquiète pour son État adoptif, le Tennessee, où la représentante républicaine Marsha Blackburn est dans la course pour siéger au Sénat. La fiancée de l'Amérique tient à avertir ses fans de l'historique de Blackburn avant d'entrer dans l'isoloir, et notamment de ses votes contre l'égalité salariale, la prorogation de la loi sur les violences faites aux femmes et les droits LGBTQ+.

« J'ai hésité par le passé à évoquer mes croyances politiques publiquement, mais certains événements personnels ainsi que la situation mondiale de ces deux dernières années m'obligent à revoir mon jugement, annonce Taylor sur les réseaux sociaux. Comme je l'ai toujours fait, je continuerai de voter pour le candidat ou la candidate qui se battra pour protéger les droits humains que nous méritons tous dans ce pays [...] De nombreux jeunes gens intelligents, réfléchis et mesurés sont devenus majeurs récemment et ont donc le droit et le privilège de voter. » Les Swifties répondent à l'appel : dans les vingt-quatre heures suivant ses instructions, 65 000 nouveaux votants sont enregistrés. Cependant, malgré les efforts de Taylor, Marsha Blackburn remporte la victoire d'une courte tête contre son adversaire démocrate.

En 2020, dans le documentaire Netflix *Miss Americana*, filmé durant son Reputation Stadium Tour, les fans découvrent les dessous de la lutte que Taylor a menée en coulisses auprès de son entourage pour faire accepter sa décision de rompre son silence politique. On y voit la chanteuse défendre ses convictions avec émotion auprès de sa mère, son père et son équipe de managers. Elle explique regretter amèrement de n'avoir rien dit durant l'élection de 2016 qui a vu Donald Trump devenir président. On l'avertit que sa prise de position pourrait lui faire perdre des fans et potentiellement lui coûter la moitié des ventes de billets pour sa prochaine tournée. « J'ai besoin d'être du bon côté de l'Histoire, insiste Taylor, les larmes aux yeux. C'est très important pour moi. »

Cette prise de parole s'est étendue à sa musique, avec *You Need to Calm Down*, le deuxième single de « Lover » en 2019, qui dénonce l'homophobie et les attaques des internautes envers la communauté LGBTQ+. Et Taylor donne tort à ses détracteurs : cet hymne de célébration débute en deuxième position du Top 100 de Billboard. De même, son clip au casting éblouissant (RuPaul, Katy Perry, Adam Lambert et Laverne Cox) est sacré vidéo de l'année aux MTV Video

« Comme je l'ai toujours fait, je continuerai de voter pour le candidat qui se battra pour protéger les droits humains que nous méritons tous dans ce pays. »

Music Awards et décroche une nomination aux Grammys pour la meilleure prestation vocale pop en solo. Taylor affiche son féminisme dans *The Man*, le quatrième single de « Lover », qui évoque la manière dont elle serait traitée par les médias si elle était un homme. Dans le clip, elle se transforme en « Tyler Swift », qui incarne la masculinité toxique et à qui Dwayne « The Rock » Johnson prête sa voix. Elle remporte le VMA de la meilleure réalisation pour son travail derrière la caméra – une première pour une femme dans l'histoire des VMAs.

Alors que Taylor est au sommet de sa gloire, l'œuvre de sa vie va se retrouver entre les mains de quelqu'un « qui essaie de la détruire ». En 2019, Scooter Braun, le manager de Justin Bieber et Ariana Grande, rachète Big Machine, et les droits des six premiers albums de Taylor par la même occasion. L'année précédente, à l'approche de l'expiration de son contrat, Borchetta lui avait proposé de « racheter » ses anciens albums un à un avec chaque nouvel album enregistré. « Je suis partie parce que je savais qu'une fois ce contrat signé, Scott Borchetta vendrait le label, et moi et mon futur avec » explique-t-elle dans

Taylor n'est pas du genre à se laisser sous-estimer, elle vise toujours plus grand et plus loin.

un post Tumblr. J'ai pris la décision douloureuse d'abandonner mon passé. » Ce qu'elle fait en signant un nouveau contrat avec Republic Records.

Mais au moment où Taylor prépare un medley de ses tubes pour sa performance aux American Music Awards en 2019 – où elle recevra la prestigieuse récompense d'artiste de la décennie –, Braun et Borchetta auraient tenté d'empêcher l'inclusion de ses anciens albums (ce qu'ils nient). Cette nuit-là, Taylor fait passer un fort message sur scène : elle porte une blouse d'homme blanche où sont inscrits les titres des six albums qu'elle a perdus. Elle fait alors la promesse de réenregistrer chacun d'eux, privant ainsi les anciennes versions de leur valeur : iHeartRadio, la plus grande entreprise radio aux États-Unis, s'engage à ne passer que les « Taylor's Versions » sur ses milliers de stations. Un coup de force qui « réchauffe le cœur », s'émerveille Taylor sur le plateau du Graham Norton Show : « C'est quelque chose qui me tient à cœur, mais je ne m'attends pas à ce que les autres s'en soucient. C'est très personnel. »

Concentrée sur son album du moment, Taylor se prépare pour Lover Fest, la tournée mondiale de son septième album, qui l'emmènera là où elle n'a jamais joué : au Brésil, au Portugal, au Danemark et en Pologne... Hélas, deux mois avant la première date, elle est dans l'obligation de reporter la tournée jusqu'en 2021 à cause de la pandémie de Covid-19 et des confinements. En quarantaine chez elle, la compositrice infatigable accomplit un tour de force dont elle seule a le secret : en 2020, elle surprend son public avec deux albums,« Folklore » et « Evermore », enregistrés à moins de cinq mois d'écart. Elle trouve également l'énergie de terminer son premier réenregistrement, « Fearless (Taylor's Version) », qui sort en avril 2021, suivi de « Red (Taylor's Version) » en novembre. En août 2022, elle reçoit le VMA de la vidéo de l'année pour le court-métrage *All Too Well (10 Minute Version) (Taylor's Version)* et annonce dans son discours de remerciement la sortie de son dixième album, « Midnights », qui retrace « treize nuits blanches éparpillées à différentes périodes de ma vie ».

Avec l'équivalent de quatre albums de nouveautés et la levée progressive des restrictions sanitaires, les fans attendent impatiemment une tournée. Comme elle n'est pas du genre à se laisser sous-estimer, Taylor vise toujours plus grand et plus loin : elle conçoit The Eras Tour, un voyage musical à travers l'intégralité de son œuvre. Le nombre record de demandes pour les billets est tel qu'il provoque le crash de Ticketmaster durant la prévente historique et, en conséquence, la panique des Swifties qui attendent depuis des années de voir leur chanteuse préférée sur scène. Ce fiasco est « insoutenable » pour Taylor, qui promet de demander des comptes au géant de l'industrie.

La plus grande tournée de l'Histoire, avec son milliard de dollars de recettes, est à la hauteur de toutes les attentes : 44 chansons en 10 segments, avec chacun sa palette de couleurs, ses costumes et ses décors. Toutefois, l'impact du spectacle retentit bien au-delà des salles de concerts. Selon *Forbes*, The Eras Tour va générer 4,6 milliards de dollars en mode consommation aux États-Unis, en particulier dans la vingtaine de villes où passe la première partie de la tournée, grâce aux millions de fans qui organisent leurs trajets, hébergements et repas.

Malgré sa rupture avec Joe Alwyn après six ans de relation au tout début de cette aventure, Taylor trouve du réconfort auprès de ses fans à travers l'amour qu'ils lui manifestent chaque soir. « Je n'ai jamais été aussi heureuse dans tous les aspects de ma vie, confesse-t-elle au public à Foxborough, dans le Massachusetts. Et je veux vous remercier d'en faire partie... Ce n'est pas juste une tournée, j'ai enfin l'impression que ma vie a du sens. »

La conclusion de la première partie de la tournée (quatre nuits à Mexico City à la fin août) va lui apporter une nouvelle source de bonheur en la personne de Travis Kelce. Le 12 septembre, *Entertainment Tonight* rapporte que Taylor et l'ailier rapproché des Kansas City Chiefs, par deux fois vainqueurs du Super Bowl, « passent du temps ensemble discrètement » depuis des semaines. Ils se sont apparemment rencontrés via des amis communs après un aveu public de Kelce : il a confectionné un bracelet d'amitié avec son numéro de téléphone dans l'espoir de le donner à Taylor après son concert au stade Arrowhead. Il n'a pas pu la rencontrer à ce moment-là, mais un fil invisible semble cependant les lier puisque, deux mois plus tard, leurs rôles sont inversés, avec Taylor dans ces mêmes gradins acclamant Travis aux côtés de sa mère, Donna, durant son match contre les Chicago Bears.

Les semaines suivantes, jusqu'à la reprise de la tournée en Amérique du Sud, Travis et sa chanteuse porte-bonheur sont inséparables, et ils n'hésitent pas à se montrer ensemble en public à Kansas City et à New York. Les réseaux sociaux sont unanimement charmés par le nouveau couple, mais c'est un geste romantique capturé par vidéo qui va sceller leur affection : Travis demande au garde du corps de Taylor de s'écarter afin qu'il puisse lui-même ouvrir la porte de la voiture. Les fans sont ravis que la star soit enfin avec un homme qui la laisse briller, comme elle le souhaite dans sa chanson *Bejeweled*.

RETOUR
À LA CASE DÉPART

Réenregistrer six albums tout en créant des nouveautés pourrait paraître insurmontable. Mais c'est cette nostalgie qui permet à Taylor de reprendre le contrôle de son avenir.

La première « Taylor's Version », « Fearless », sort en 2021, treize ans après le succès fulgurant de l'album original. « Je savoure désormais tout ce qu'il a d'ardent, de fantasque et chaotique, révèle-t-elle rétrospectivement à ses fans. Ce processus a été plus épanouissant et émouvant que je n'aurais pu l'imaginer. »

Son voyage dans le passé n'est pas linéaire pour autant. Après son deuxième album, Taylor réenregistre le quatrième, « Red », en 2021, puis elle revient à « Speak Now » en juillet 2023, avant de faire un saut dans le temps avec « 1989 », le cinquième des six albums perdus, en octobre de la même année. Ne lui reste qu'à se réapproprier son nom et son premier album, « Taylor Swift », ainsi que sa « Reputation » avec l'album de 2017.

CHAPITRE DEUX

Une œuvre *made in* Taylor

DISCOGRAPHIE

Avec onze albums en dix-huit ans, le public dispose d'une discographie intemporelle traitant d'amour, de déconvenues, d'amitié, de famille, de rivalités et d'une vengeance mythique, mais aussi de la difficulté de grandir, du temps qui passe et des retours de karma (peut-être, ou peut-être pas, le titre d'un album que notre Superwoman sortira un jour…). Si tout le monde trouve indubitablement son compte dans ces paroles et ces mélodies, la seule question qui se pose est la suivante : lequel de ces fabuleux albums écouterez-vous en premier ?

« TAYLOR SWIFT »

LES PRÉMICES DU GÉNIE DE LA COUNTRY

DATE DE SORTIE : 24 OCTOBRE 2006

• LISTE DES CHANSONS •

1. *Tim McGraw*
2. *Picture to Burn*
3. *Teardrops on My Guitar*
4. *A Place in This World*
5. *Cold as You*
6. *The Outside*
7. *Tied Together with a Smile*
8. *Stay Beautiful*
9. *Should've Said No*
10. *Mary's Song (Oh My My My)*
11. *Our Song*

TITRE BONUS (ÉDITION DIGITALE EXCLUSIVE BEST BUY)

12. *I Heart*

TITRES BONUS (ÉDITION DELUXE)

13. *I'm Only Me When I'm With You*
14. *Invisible*
15. *A Perfectly Good Heart*

LES RECORDS BATTUS : « Taylor Swift » – qui s'est hissé à la 5e place du Top 200 de Billboard – est l'album resté le plus longtemps au classement des ventes de 2000 à 2010. Il est sept fois disque de platine (avec l'équivalent de 7 millions d'albums vendus) et fait de Taylor la première artiste country solo à écrire ou coécrire la totalité d'un premier album certifié platine.

LA DIRECTION CRÉATIVE : Avant même de mettre les pieds dans le studio d'enregistrement avec Nathan Chapman, un producteur de Nashville dont ce sera le premier album intégral, Taylor a déjà tout en tête, de la liste des chansons jusqu'aux instruments pour chacune d'elles. En tant que jeune compositrice avec une expérience de vie limitée, Taylor s'inspire naturellement de ce qu'elle observe, et en tant qu'adolescente empêtrée dans l'effervescence du lycée, elle évoque dans ses morceaux des filles populaires mais cruelles, des garçons irréfléchis et les peines de cœur qui en découlent. Mais il n'y a pas d'âge pour le talent : les paroles intimistes de Taylor séduisent les amateurs de musique toutes générations confondues, qui lui expriment à chaque rencontre leur gratitude pour ce sentiment d'être compris. « J'ai l'impression de faire quelque chose de bien lorsque j'entends cela, s'extasie Taylor dans une interview télévisée avec CMT en 2007. J'ai l'impression d'avoir atteint mon objectif, celui de dire aux gens qu'ils ne sont pas seuls. La solitude ne réussit à personne. » En 2020, *Rolling Stone* place *Tim McGraw* à la 11ᵉ place de son classement des plus grands premiers singles de l'Histoire.

LA COUVERTURE : Taylor n'a pas eu à chercher très loin un photographe pour son premier album. Andrew Orth est un ami de la famille qui photographie les Swift depuis la petite enfance de leur fille. Quatorze ans après, il fait des portraits de célébrités à Los Angeles et elle est une star en devenir. En 2006, Orth se rend à Nashville et photographie Taylor une semaine durant, à différents endroits de la ville repérés par son petit frère, Austin. Les quinze images incluses dans le livret de *Taylor Swift*, dont certaines prises par Melinda Norris, représentent la chanteuse au volant d'un tracteur dans une ferme, à l'avant d'une voiture de légende ou en balade près d'un étang de carte postale : une jeune femme accessible mais singulière, aux grands yeux bleus et cheveux blonds.

L'INSPIRATION : Tout jeune homme ayant fait du mal à l'adolescente est une cible de choix pour la plume tranchante de Taylor dans ce premier album vendu à près de 7 millions d'exemplaires . « C'est vous, tous les garçons qui auraient dû y réfléchir à deux fois avant de me briser le cœur, qui avez inspiré ces onze chansons », avertit-elle dans les marges du livret. *Should've Said No*, propulsé à la première place du classement Hot Country Songs de Billboard, dénonce justement « le mec qui m'a trompée » au pire moment possible, une semaine avant que Taylor n'enregistre son album.

Le titre lui vient en premier et le refrain est terminé cinq minutes plus tard. En ce qui concerne les couplets, certaines paroles sont tirées de vraies conversations. Taylor fait deviner l'identité de celui qui aurait dû dire non via les notes sur le livret de la chanson : « Sam Sam Sam Sam Sam Sam. » Malgré son titre, *Tim McGraw* ne parle pas réellement de la star de la country, mais du futur-ex-petit-ami de Taylor, fan du chanteur.

À l'époque, Taylor est en seconde, lui en terminale, s'apprêtant à partir à la fac. « Je savais qu'on allait rompre, révèle-t-elle à CMT.com en 2006. Donc j'ai commencé à énumérer toutes les choses qui lui feraient penser à moi », comme sa chanson préférée de Tim McGraw, *Can't Tell Me Nothin'*. Il ne pourra jamais l'oublier, grâce au tube de Taylor qu'il qualifie de « cool ». « Après tout, ça aurait pu être pire, plaisante-t-elle auprès de *Great American Country* : je crois qu'il était soulagé que j'écrive celle-ci pour lui, plutôt que *Picture to Burn*. »

LA CHANSON N° 5 : La cinquième chanson sur un album de Taylor Swift lui est chère, et c'est généralement aussi la plus vulnérable. Pour son premier album, elle considère que *Cold as You* contient ses meilleures paroles, écrites au sujet de quelqu'un à qui elle a dû arrêter de trouver des excuses car « il ne les méritait pas », et comme elle le confie durant la promotion, « certaines personnes ne te rendront jamais ton amour ». Taylor a caché un message de soutien dans les notes de la chanson sur le livret pour tous les fans qui traverseraient une situation similaire : « Passe à autre chose. »

L'HISTOIRE DU TITRE : Avant de se décider pour « Taylor Swift », elle songe à appeler son album « A Place in This World », d'après la chanson qu'elle a écrite sur son emménagement à Nashville et « la difficulté de construire un chemin pour arriver là où je voulais aller ». Elle n'y est arrivée que quelques années plus tard.

LES RÉCOMPENSES : Pourtant néophyte à l'époque, Taylor est incroyablement reconnue pour cet album. L'adolescente reçoit de nombreuses récompenses, dont celles de meilleure artiste féminine country aux American Music Awards, de vidéo espoir de l'année pour *Tim McGraw* aux CMT Music Awards, de nouvelle chanteuse de l'année aux Academy of Country Music Awards, et de révélation de l'année aux Teen Choice Awards.

LA PROMESSE NON TENUE : Pour la séance photo du livret de l'album, Taylor a dessiné un cœur sur son pied gauche au marqueur noir en promettant qu'elle le ferait tatouer pour de vrai si les ventes de son album dépassaient les deux millions d'exemplaires. Elle atteint son but en 2008, mais personne ne s'attend à ce qu'elle le fasse vraiment. « Je pense que je peux me dédire, surtout depuis que mon père a promis de l'enlever à la ponceuse », confie-t-elle alors en riant à *Rolling Stone*.

« FEARLESS »

UNE PERCÉE COMMERCIALE AUDACIEUSE

DATE DE SORTIE : 11 NOVEMBRE 2008

• LISTE DES CHANSONS •

1. *Fearless*
2. *Fifteen*
3. *Love Story*
4. *Hey Stephen*
5. *White Horse*
6. *You Belong with Me*
7. *Breathe* (*featuring* Colbie Caillat)
8. *Tell Me Why*
9. *You're not Sorry*
10. *The Way I Loved You*
11. *Forever & Always*
12. *The Best Day*
13. *Change*

« FEARLESS » : ÉDITION PLATINE

14. *Jump Then Fall*
15. *Untouchable*
16. *Forever & Always* (piano)
17. *Come in with the Rain*
18. *Superstar*
19. *The Other Side of the Door*

LES RECORDS BATTUS : « Fearless » est le plus récompensé des albums country au monde. Il est le premier à rafler un Grammy Award, un Academy of Country Music Award, un American Music Award et un Country Music Association Award la même année. À vingt ans seulement, Taylor devient la plus jeune artiste à remporter le Grammy de l'album de l'année et le restera jusqu'à la victoire de Billie Eilish en 2020, à l'âge de dix-huit ans.

LA DIRECTION CRÉATIVE : Taylor écrit la chanson titre *Fearless* en 2007 lors de sa tournée avec Brad Paisley, à propos d'un premier rendez-vous fictif. L'idée de vivre avec audace et sans appréhension inspire tout son deuxième album, avec une mise en scène dans une relation en deux temps. D'abord, l'idéalisation (avec *Love Story, You Belong with Me, Jump Then Fall*), puis la désillusion (*Breathe, You're not Sorry, Forever & Always*).
« Avoir le cœur brisé, devoir accepter le fait qu'on ne finira pas avec la personne qu'on pensait, voir quelqu'un s'excuser constamment sans pour autant renoncer à ses travers, garder l'espoir que les choses changeront un jour ; tout cela demande à mes yeux une certaine forme de courage, explique Taylor à MTV News. Et avoir du courage ne signifie pas forcément ne pas avoir peur. Je crois plutôt qu'être courageux, c'est avoir peur, mais décider de sauter le pas malgré tout. »

LA POP STAR: La sonorité légèrement pop de « Fearless » a élargi le public de Taylor au-delà des frontières de Nashville et a été accueillie à bras ouverts par les radios généralistes, MTV et les organismes de récompenses. L'album domine le Top 200 de Billboard pendant onze semaines consécutives. En 2010, « Fearless » est le premier album country à être sacré Album de l'année aux Grammy Awards (*You Belong with Me* est également nominé pour la meilleure prestation vocale pop, ainsi que *Breathe*, avec Colbie Caillat, pour la meilleure collaboration pop). « C'est… surréaliste ! », s'extasie Taylor devant *Oakland Press*. « En ce qui concerne le son, ce sont des chansons que j'adore écrire ; des chansons country mais un peu hybrides à cause du sujet et de certaines mélodies que j'aime utiliser. Je dirais plutôt qu'elles chamboulent les lignes, car je suis une artiste country qui écrit des chansons country, mais j'ai la chance de les entendre sur des stations pop. »

L'INSPIRATION : « Chaque titre de "Fearless" est incarné », explique-t-elle à *Oakland Press*, que ce soit issu d'une expérience qu'elle a elle-même vécue ou de celle d'une personne de son entourage. Elle est complètement fascinée par l'amour et « l'impact qu'il a sur nous et son influence sur la manière dont on traite les autres et dont les autres nous traitent ». Sur l'échelle de la douceur, on trouve d'un côté *Hey Stephen*, inspiré par Stephen Barker Liles, chanteur de Love and Theft, qui a gentiment éconduit Taylor – et qui l'a publiquement regretté par la suite. De l'autre côté, *Forever & Always* joue sur les deux mots utilisés par Joe Jonas pour qualifier leur relation, avant de rompre en vingt-sept secondes par téléphone. « Ça ne m'était jamais arrivé avec autant de brutalité, confie Taylor à *People*. Je me suis dit : "Il faut que ça sorte." » Mais est-il encore temps d'en parler sur « Fearless » ? L'enregistrement final de l'album pour Big Machine est prévu pour le lendemain. Elle négocie avec Scott Borchetta, qui cède finalement à ses supplications d'inclure *Forever & Always* sur l'album, non pas une mais deux fois, avec une version au piano pour l'édition platine.

LA CHANSON N° 5 : Malgré son thème de contes de fées, *White Horse* révèle que la princesse et son prince charmant ne vécurent pas heureux pour toujours. La chanson traite d'une « rupture très douloureuse » et l'accent est mis sur « le moment où tout s'effondre », explique Taylor dans un extrait vidéo des coulisses du tournage du clip, « celui où l'on se rend compte que cette personne n'est pas du tout celle qu'on a imaginée ». Bien qu'elle qualifie *White Horse* de « très intime », elle révèle dans une autre interview qu'elle n'est en vérité jamais sortie avec le sujet de la chanson, mais qu'elle en est tombée amoureuse au point qu'il lui inspira également *Love Story*. Elle refuse de le nommer, pour « ne pas glorifier son influence », mais il s'agit très probablement de Martin Johnson, voix du groupe Boys Like Girls, dont l'entourage de Taylor estime que son image de rocker emo (un sous-genre du punk rock) aurait terni celle, immaculée, de la chanteuse.

Difficile de croire que *White Horse* a failli ne pas être sur l'album vu sa position privilégiée de chanson n° 5. Mais Taylor explique à *That's Country* qu'ils ont déjà « un élément de "tristesse" sur cet album » et qu'elle la gardera pour son troisième opus. Néanmoins, son agent organise une rencontre avec Shonda Rhimes, créatrice de *Grey's Anatomy*, la série préférée de Taylor. Puisque *White Horse* n'est pas encore enregistrée, elle l'interprète à la guitare et les producteurs « en sont fous ». Quand elle apprend que la chanson sera utilisée dans le premier épisode de la saison 5 de la série, « vous auriez dû voir le torrent de larmes que j'ai versé, dit-elle à *Billboard*. C'était mon but ultime d'avoir une de mes chansons dans *Grey's Anatomy*. »

LE TIRE-LARMES : *Fifteen* est la seule chanson qui fasse pleurer Taylor pendant l'enregistrement, tout particulièrement le passage où sa meilleure amie Abigail a le cœur brisé par un garçon à qui elle a « tout donné » en pensant que c'était le bon. « Ça me touche à chaque fois que je la chante », admet Taylor devant *CMT* en 2008. La chanteuse révèle lors d'une interview à *Rolling Stone* l'année d'après que l'ex d'Abigail l'a contactée après avoir entendu *Fifteen* et a sollicité son aide pour arranger les choses. Elle a accepté, organisé un rendez-vous surprise et même gravé un CD des chansons préférées d'Abigail pour donner le ton, mais l'histoire s'est répétée.

« Il était au milieu de ce terrain, entouré de bougies arrangées en forme de cœur, un bouquet de roses à la main… Et j'ai quand même dû ramasser les pots cassés le lendemain, soupire-t-elle. Mais bon. C'est comme ça. »

LA TOURNÉE MONDIALE : Sa première tournée en solo est également la première à l'international. Le Fearless World Tour débute en avril 2009 et traverse l'Amérique du Nord, l'Europe, l'Australie, l'Asie jusqu'aux Bahamas. Taylor le qualifie de « rêve devenu réalité » et promet d'y mettre en scène ses chansons dans un spectacle éclectique, avec des costumes renversants, cinq guitares différentes et un château de contes de fées illuminé. 15 mois et 119 concerts plus tard, le Fearless World Tour prend fin ; il a rapporté plus de 63 millions de dollars, selon le Billboard Boxscore.

LA CONTINUITÉ DE « FEARLESS » : Taylor écrit encore tout en faisant la promotion de l'album. Nombre de ces nouvelles chansons correspondent tellement à « Fearless » qu'elle regrette de ne pas avoir pu les inclure dans l'album ; elle décide alors de ressortir l'album un an après, dans une édition platine. Ce coffret CD/DVD dévoile six nouvelles chansons, des clips et des extraits de coulisses. C'est notamment la première et unique fois jusque-là que Taylor enregistre une reprise : *Untouchable*, de Luna Halo, un groupe originaire de Nashville. Cependant, sa version ne ressemble en rien à l'original ; la chanteuse réécrit les paroles et revoit quelque peu la composition, à tel point que le groupe ne reconnaît même pas la chanson. « Mais quand une des plus grandes, si ce n'est la plus grande artiste au monde actuellement, veut changer un petit peu ta chanson, ce n'est pas un problème », raconte Nathan Barlowe, chanteur de Luna Halo, au *Tennessean*. « Les ventes de notre version ont augmenté… Et on a un nouveau public qui nous dit : "Je ne vous aurais jamais découverts sans Taylor Swift." »

LA TAYLOR'S VERSION : Treize ans après le succès historique de « Fearless », Taylor y revient suite au rachat de ses masters par Scooter Braun. Elle travaille avec le même producteur, Nathan Chapman, originaire de Nashville, et les mêmes musiciens. « Fearless (Taylor's Version) » s'avère être « plus épanouissant et émouvant que je n'aurais pu l'imaginer », écrit l'artiste dans un tweet précédant la sortie de l'album le 9 avril 2021.

En plus des dix-neuf chansons de l'édition platine, Taylor y inclut *Today Was a Fairytale*, tirée du film *Valentine's Day*, de 2012, ainsi que six chansons « *From The Vault* » (« sorties du coffre », c'est-à-dire écrites pour l'album mais jamais diffusées au public). Keith Urban et Marren Morris prêtent leur voix à deux d'entre elles, respectivement *That's When* et *You All Over Me*.

La « Taylor's Version » est un réenregistrement traditionnel qui reste aussi proche que possible de l'original de 2008. « On a gardé tout ce que j'avais imaginé pour ces chansons. Mais quand on pouvait améliorer la qualité du son, on l'a fait », explique Taylor à *People*. « Sur cette version, on a mis à profit et sublimé l'expérience de ces deux dernières décennies à jouer cet album. Pour cela, j'ai disséqué chaque chanson dans le moindre détail, de la mélodie au texte en passant par mes inflexions, et j'ai amélioré ce qui pouvait l'être. Mais je tenais à ce que cela reste fidèle à ce que j'avais écrit et pensé pour la version originale. Juste en mieux, bien sûr. » La réception commerciale parle d'elle-même : « Fearless (Taylor's Version) » cumule 50 millions de *streams* dès son premier jour, rien que sur Spotify.

SPEAK NOW

100 % TAYLOR, DE SA VOIX À SES MOTS

DATE DE SORTIE : 25 OCTOBRE 2010

• LISTE DES CHANSONS •

1. *Mine*
2. *Sparks Fly*
3. *Back to December*
4. *Speak Now*
5. *Dear John*
6. *Mean*
7. *The Story of Us*
8. *Never Grow Up*
9. *Enchanted*
10. *Better Than Revenge*
11. *Innocent*
12. *Haunted*
13. *Last Kiss*
14. *Long Live*

ÉDITION DELUXE (2 CD)

15. *Ours*
16. *If This Was a Movie*
17. *Superman*

LES RECORDS BATTUS : « Speak Now » se vend à 1 047 000 exemplaires la semaine de sa sortie, ce qui en fait l'album le plus vendu en une semaine par une artiste féminine country. De plus, onze des quatorze chansons occupent le top du classement Hot 100 de Billboard ; Taylor est la première artiste féminine à réussir cet exploit.

LA DIRECTION CRÉATIVE : Quand Taylor commence à écrire son troisième album, alors même qu'elle est en pleine tournée pour le deuxième, elle a atteint un tel niveau de popularité et de succès qu'elle doit composer avec les aléas de cette célébrité, dont une couverture média constante. Il y a matière à de nombreux gros titres, de ses relations intimes, très suivies, à son humiliation publique par Kanye West lors des MTV Video Music Awards en 2009. Avec « Speak Now », Taylor donne sa version de l'histoire dans quatorze chansons très personnelles sur ses peines de cœur, l'adversité qu'elle rencontre et le début de l'âge adulte. Elle écrit plus de vingt-cinq chansons sur la route et peaufine la liste de celles qui figureront sur l'album avec sa mère Andrea, sa meilleure amie Abigail et son producteur Nathan Chapman.

L'HISTOIRE DU TITRE : *Enchanted* (n° 9 de l'album) est en *pole position* pour le titre de l'album avant que Taylor ne choisisse *Speak Now* – l'ambiance de conte de fées est finalement trop similaire à celle de « Fearless ». « Je revenais toujours à *Speak Now* parce que c'est un concept fort, ce moment où il est presque déjà trop tard et où il faut exprimer ses sentiments ou accepter les conséquences de son silence, explique-t-elle à Yahoo! Music. Et je crois que c'est une métaphore pour toutes ces fois dans la vie où on a le choix entre faire entendre sa voix et ne rien dire. Cet album était la parfaite occasion pour moi de "parler maintenant ou me taire à jamais". »

L'INSPIRATION : Il se trouve justement que Taylor a beaucoup à dire. « Speak Now » est inspiré par bien des gens, de ses ex Cory Monteith (*Mine*, le premier single), Taylor Lautner (*Back to December*) et John Mayer (*Dear John*) à ses détracteurs (*Mean*). Malgré l'humiliation infligée par Kanye West aux MTV Video Music Awards en 2009, au lieu de répliquer, Taylor lui dédie *Innocent*. Elle revient sur l'incident après plusieurs mois et se montre conciliante, rassurant le rappeur sur le fait qu'il est plus que son comportement de cette nuit de septembre. Un an après jour pour jour, aux VMAs de 2010, elle interprète *Innocent* pour la première fois sur cette même scène.

LA CHANSON N° 5 : En 2009, la collaboration entre la chanteuse de dix-neuf ans et John Mayer, trente-deux ans, sur son single *Half of My Heart,* fait bien des étincelles, mais les rumeurs commencent à peine que l'histoire est déjà finie. Un an plus tard, quand *Dear John* apparaît sur « Speak Now », il n'y a aucun doute sur l'identité de cet homme plus âgé qui jouait avec ses sentiments et qui l'a fait pleurer. Bien que Taylor refuse de le confirmer, Mayer vend la mèche en 2012 auprès de *Rolling Stone* en qualifiant *Dear John* de « médiocre » et de « coup bas ». Pourtant, il fait la même chose l'année suivante avec *Paper Doll,* dont les paroles font allusion à Taylor et ne retiennent pas leurs coups. La chanson, sortie au cours de l'époque « Red », fait notamment référence à une fille de papier portant une « écharpe rouge » (*All too Well*) et à ses « 22 personnalités » (*22*).

LA FUITE : Malgré les efforts de Taylor pour garder l'album secret, une version basse définition de *Mine* fuite deux semaines avant la sortie officielle ; mais la chanteuse s'adapte immédiatement. Elle est en chemin pour le Japon quand son manager essaie d'adoucir le choc avec une proposition : « Alors, ne panique pas, mais que dirais-tu de sortir le single le 5 août ? Ce serait le 05/08 et 5 + 8 égale 13, ton chiffre porte-bonheur ! » Taylor rapporte à *Entertainment Weekly* qu'elle a tout d'abord été dévastée par la nouvelle, mais elle a rapidement compris que si elle ne pouvait rien y faire, elle pouvait néanmoins réagir. Elle décide donc de sortir immédiatement sur iTunes la version officielle du single, qui se voit instantanément propulsée à la première place de la Hot Digital Songs Chart.

LE CRASH TEST : Durant le Fearless World Tour, Taylor joue certaines chansons inédites en exclusivité pour son public. Elle n'interprète *Sparks Fly* que deux fois, mais la réaction est très enthousiaste et beaucoup de fans la mentionnent durant les rencontres avec Taylor. « Je l'ai donc retravaillée, j'y ai insufflé un peu de nouveauté, tant au niveau des paroles que de la production musicale, raconte-t-elle à *Entertainment Weekly*. Je suis vraiment ravie du résultat. »

LA RÉSOLUTION : « Je suis très impatiente de partager cet album, il me remplit de fierté », annonce-t-elle à *Entertainment Weekly* en 2010, avant d'entrer dans sa période « Speak Now ». « C'est clairement quelque chose que je dois approcher en me disant que je ne fatiguerai pas et que je ne me plaindrai pas, parce que je sais d'avance que je vais travailler plus dur et plus vite et plus tard ces deux prochaines années que jamais auparavant. »

LA « TAYLOR'S VERSION » : « Speak Now (Taylor's Version) » est son troisième réenregistrement, presque treize ans après la sortie de l'original. « Les chansons écrites à cette période de ma vie sont brutalement honnêtes, farouchement mélancoliques et sans filtre, comme tirées tout droit de mon journal intime », explique Taylor sur les réseaux sociaux dans le post annonçant l'album, prévu pour le 7 juillet 2023, date du premier concert à Nashville de la tournée The Eras Tour. « J'adore cet album pour ce qu'il raconte de ce que c'est de grandir, de donner tout ce qu'on a, de prendre son envol, de s'effondrer… Et de se relever pour raconter son histoire. »
En plus des seize chansons de l'édition deluxe, « Speak Now (Taylor's Version) » en contient six « *From The Vault* », dont deux collaborations avec des artistes qui l'ont inspirée à l'époque : Hayley Williams (*Castles Crumbling*) et Fall Out Boy (*Electric Touch*). « Taylor est la première amie que j'ai eue dans cette industrie et avec qui j'ai passé du temps en dehors du travail, révèle Williams. À la sortie de "Speak Now", j'ai acheté l'album de mon amie (comme tout un chacun !) et je l'ai écouté d'une traite dans ma première voiture devant chez moi. C'est mon album préféré de Taylor Swift, pour plein de raisons. »

RED

LE SEUL VRAI ALBUM DE RUPTURE

DATE DE SORTIE : 22 OCTOBRE 2012

• LISTE DES CHANSONS •

1. *State of Grace*
2. *Red*
3. *Treacherous*
4. *I Knew You Were Trouble*
5. *All Too Well*
6. 22
7. *I Almost Do*
8. *We Are Never Ever Getting Back Together*
9. *Stay Stay Stay*
10. *The Last Time* (*featuring* Gary Lightbody of Snow Patrol)
11. *Holy Ground*
12. *Sad Beautiful Tragic*
13. *The Lucky One*
14. *Everything Has Changed*
15. *Starlight*
16. *Begin Again*

DELUXE EDITION

17. *The Moment I Knew*
18. *Come Back ... Be Here*
19. *Girl at Home*

LES RECORDS BATTUS : « Red » se vend à 1,2 million d'exemplaires durant sa première semaine et passe sept semaines à la première place du Billboard 200 ; Taylor est la première artiste féminine (et la deuxième artiste tout court après les Beatles) à réussir cette prouesse avec trois albums différents.

LA DIRECTION CRÉATIVE : À l'image d'une rupture, « Red » est chaotique : chaque chanson a ses propres sonorités. En plus de Chapman, producteur de ses trois premiers albums, la chanteuse de vingt-et-un ans collabore avec d'autres producteurs à succès de différents univers musicaux, comme Max Martin et Shellback (pop), Butch Walker (rock, pop-punk) et Dan Wilson de Semisonic (rock alternatif) pour incorporer leurs styles à ses origines country et arriver à un ensemble sonique cohérent.
Au début du processus pour « Red », qui dure deux ans, il n'y a que Taylor et Chapman. Puis, une fois qu'assez de chansons ont été enregistrées, le directeur du label Scott Borchetta indique que l'album est terminé, ce que Taylor conteste. Comme elle le confie à Yahoo! Music : « C'était mon quatrième album. Et quand tu fais ton quatrième album, tu as le choix entre continuer de faire les choses comme tu les as toujours faites et comme on s'attend à ce que tu les fasses, ou bien sortir de ta zone de confort et essayer de nouvelles choses. »
Alors, comment associer chaque chanson au genre qui lui correspond ? « Qu'est-ce que je ressentais quand je l'ai écrite ? » se demande Taylor. « La réponse, quelle qu'elle soit, détermine les sonorités et les instruments dont on a besoin, ainsi que la voix », explique-t-elle à *Billboard*.

LA FEUILLE DE ROUTE : Taylor compose soigneusement la liste de chansons pour « Red » en gardant *State of Grace* et *Begin Again* respectivement pour l'ouverture et la fin de l'album. Ces deux chansons traitent « d'une relation importante et plutôt destructrice, révèle Taylor à *Billboard*. Je n'aime pas juxtaposer deux chansons joyeuses ou deux chansons tristes du même type. Il faut établir un rythme et l'écouter en boucle, et l'ordre devient évident. C'est instinctif. »

L'INSPIRATION : Au moins cinq des chansons sur « Red » ont probablement été inspirées par son aventure avec Jake Gyllenhaal, d'octobre 2010 à janvier 2011, dont la chanson titre *Red, State of Grace, The Moment I Knew* (où elle révèle que son petit ami n'est pas venu à sa fête d'anniversaire, un souvenir douloureux qu'elle relate également dans la version longue de *All Too Well*). S'il restait un doute sur l'inspiration du premier single, *We Are Never Getting Back Together,* Taylor les chasse en disséminant plusieurs indices dans le clip. L'acteur est le sosie de Jake, et il passe une écharpe autour de son cou dans une scène, une référence au vêtement d'automne que Taylor a laissé chez sa sœur dans *All Too Well*.

Bien sûr, elle ne mentionne jamais explicitement son nom, mais elle ne nie pas son influence non plus. En 2013, Taylor révèle au *New York Magazine* que cet homme mystérieux a tenté de faire la paix. « Celui qui a inspiré la majorité de "Red" m'a recontactée. Il m'a dit ; "Je viens d'écouter l'album, c'était une expérience à la fois douce et amère, comme si je parcourais un album photo." C'était sympa… C'est une manière plus mature de considérer cet amour qui était merveilleux jusqu'à ce que ça tourne au désastre, où tout le monde a souffert, mais il se trouve que l'un de nous écrit des chansons. »

Une autre brève histoire a inspiré « Red » : celle avec Conor Kennedy à Hyannis Port, dans le Massachusetts, en 2012, où sa célèbre famille possède une résidence. Cependant, *Starlight* ne s'inspire pas du jeune aristocrate mais de ses grands-parents, le sénateur Robert Kennedy (frère du président John F. Kennedy) et sa femme, Ethel. Avant même de rencontrer Conor, Taylor était tombée sur des photos en noir et blanc des années 1940 où un couple dansait : Ethel et Bobby. « J'ai immédiatement imaginé les réjouissances de cette nuit-là. »

LA CHANSON N° 5 : Le public s'est tout de suite entiché de *All Too Well,* la toute première chanson écrite pour « Red ». Taylor a senti son potentiel

dès l'écriture, durant la balance d'un concert du Speak Now World Tour. « J'ai commencé à chanter, riffer et improviser sur cette chanson qui est devenue *All Too Well,* raconte-t-elle sur le podcast des *500 Meilleurs Albums de Rolling Stone.* C'était juste cette chanson, mais avec sept couplets en plus et quelques jurons… » En outre, elle dure dix minutes. Taylor parvient à la raccourcir de moitié avec l'aide de Liz Rose, la compositrice avec qui elle travaille.
Curieusement, dix ans plus tard, à la sortie de « Red (Taylor's Version) », Jake nie toute association avec la chanson. « Il est question de sa relation avec ses fans, déclare-t-il à *Esquire*. C'est son moyen d'expression. Tous les artistes se servent de leur expérience pour composer, je ne peux blâmer personne pour ça. »

LE MONOLOGUE : C'est en vérité le monologue de Taylor dans *We Are Never Ever Getting Back Together* qui a porté la chanson. Durant une session d'enregistrement, son ex est mentionné dans une conversation avec Max Martin et Shellback, et « je me suis lancée dans une diatribe du type "on ne se remettra jamais, jamais, jamais ensemble" », explique Taylor à Yahoo! Music. Heureusement, quelqu'un l'enregistre en note vocale sur son téléphone pour que Taylor puisse recréer ce moment au micro.

L'ÉCHELLE DE LA TRISTESSE : Bien que le thème central de « Red » soit une « peine de cœur douloureuse, déchirante et destructrice », l'album est loin d'être une suite de chansons déprimantes. Celles-ci sont empreintes d'un éventail d'émotions, et cela se ressent dans les sonorités. « À une extrémité de l'échelle, on a *Sad Beautiful Tragic*, qui est un éloge funéraire de la rupture, explique Taylor à *Billboard*, et à l'autre extrémité, on trouve *We Are Never Ever Getting Back Together,* qui est une célébration de la rupture. »

LES RÉCOMPENSES : « Red » rafle toutes les récompenses majeures aux American Music Awards, aux Billboard Music Awards et aux Academy of Country Music Awards, mais il ne décroche aucun Grammy Award en 2014. Taylor est si dévastée que « Red » n'ait pas été élu album de l'année (face à « Random Access Memories » des Daft Punk) qu'elle passe son tour pour les afterparties organisées. « Je suis rentrée chez moi, j'ai pleuré, et j'ai mangé mes émotions », plaisante-t-elle devant MTV News.

LA « TAYLOR'S VERSION » : Neuf ans après avoir arraché le cœur des fans, « Red » frappe encore plus fort le 12 novembre 2021. « Red (Taylor's Version) » contient trente chansons, dont deux qu'elle a écrites à l'origine pour d'autres artistes de country, *Better Man* (pour Little Big Town) et *Babe* (pour Sugarland), ainsi que six *« From The Vault »* et, bien sûr, la version complète de *All Too Well*. La balade de dix minutes mérite son quart d'heure de gloire, entre la performance sur Saturday Night Live, les Grammy Awards de 2022 et *All Too Well* : le court-métrage, mettant en vedette Sadie Sink et Dylan O'Brien. Le drame romantique, réalisé par Taylor, est diffusé au Tribeca Film Festival et gagne le respect de la Hollywood Critics Association, la Recording Academy et MTV.

Revivre cette période bouleversante offre une sorte de guérison à Taylor. « Les paroles comme la musique de "Red" sont évocatrices d'une personne au cœur brisé, partage-t-elle sur les réseaux sociaux. C'était décousu : un puzzle d'émotions qui, bizarrement, s'assemble parfaitement. Je me sentais heureuse, libre, perdue, esseulée, dévastée, euphorique, sauvage et hantée par mes souvenirs. Pendant l'enregistrement, j'ai expérimenté plusieurs styles avec plusieurs collaborateurs, c'était comme essayer différentes vies. Je ne sais pas si c'est le torrent de réflexions que j'ai déversé sur cet album, ou le fait d'entendre des milliers de voix hurler mes paroles en parfaite solidarité, ou le temps qui a passé, tout simplement, mais quelque chose en moi s'est réparé pendant ce processus. »

HALL OF FAME

Liz Rose entre au Songwriter's Hall of Fame presque vingt ans après l'écriture de sa première chanson avec Taylor. Elle rejoint ainsi Mariah Carey, Tom Petty, Baby Face et Annie Lennox.

Son discours de remerciement célèbre les artistes qui lui ont donné sa chance alors qu'elle était une mère célibataire de presque quarante ans, et notamment Taylor, qui n'en avait que quatorze. « Tout le monde m'a ri au nez et m'a dit : "Mais qu'est-ce que tu fais ?" [...] J'ai répondu : "Je ne sais pas, mais c'est le moment le plus facile de la semaine. C'est ma troisième session d'écriture de la journée, et on écrit une chanson en une heure et demie. Pourquoi se priver ?" »

1989

LA RENAISSANCE D'UNE POPSTAR

DATE DE SORTIE : 27 OCTOBRE 2014

• LISTE DES CHANSONS •

1. *Welcome to New York*
2. *Blank Space*
3. *Style*
4. *Out of the Woods*
5. *All You Had to Do Was Stay*
6. *Shake It Off*
7. *I Wish You Would*
8. *Bad Blood*
9. *Wildest Dreams*
10. *How You Get the Girl*
11. *This Love*
12. *I Know Places*
13. *Clean*

ÉDITION DELUXE

14. *Wonderland*
15. *You Are in Love*
16. *New Romantics*

LES RECORDS BATTUS : « 1989 » fait de Taylor la première artiste dont trois albums se vendent à plus de 1 million d'exemplaires la semaine de leur sortie.

LA DIRECTION CRÉATIVE : Taylor voit son cinquième album – dont le titre est son année de naissance – et cette percée officielle dans le monde de la pop comme une renaissance artistique, presque dix ans après ses débuts dans la country. « 1989 » est un mix de pop synthétique et d'électro-pop fortement inspiré des artistes à succès de son enfance : Madonna, Annie Lennox, Phil Collins et Peter Murphy. « J'écoutais beaucoup de pop de la fin des années 1980…

J'étais admirative des risques qu'ils prenaient et de leur audace, révèle-t-elle durant un *livestream* sur ABC News précédant la sortie du premier single, *Shake It Off*, en août 2014. C'était apparemment une époque de potentiel infini, où on pouvait faire ce qu'on voulait, être qui on voulait... Et ce concept de possibilités illimitées a été un thème central de ma vie ces deux dernières années. »

Pour élaborer la liste des chansons, elle fait appel à une équipe infaillible au flair artistique incroyable, dont Jack Antonoff, voix des Bleachers, Ryan Teddy de OneRepublic et Max Martin, le Midas suédois, qui a transformé en or deux douzaines de hits du Billboard Hot 100, dont trois écrits avec Taylor : *Shake It Off, Blank Space et Bad Blood.* À l'époque, « 1989 » se vend à 10 millions d'exemplaires à travers le monde, rafle le Grammy de l'album de l'année en 2016 et est nommé meilleur album pop/rock aux American Music Awards.

LA COUVERTURE : La couverture de « 1989 » est un polaroïd, en référence à la nostalgie de cette décennie, et il coupe la première moitié de son visage. « Je voulais un élément de mystère, explique Taylor au *Time Magazine.* Je ne voulais pas divulguer l'ADN émotionnel de l'album au public. Je ne voulais pas qu'il voie une photo souriante en couverture et qu'il pense que c'était un album joyeux, ou qu'il voit une expression triste et qu'il se dise : "Oh, encore un album de rupture !" »

L'INSPIRATION : Après l'obsession des médias pour sa relation avortée avec Jake Gyllenhaal à l'époque de « Red », Taylor se promet de ne plus apporter d'eau à leur moulin en interview. Comme elle le dit dans *I Know Places*, trop parler gâche tout. À la place, elle digère sa rupture avec Harry Styles dans au moins sept chansons de 1989. *Style* est la référence la plus évidente à leur courte aventure.

Son hit *Bad Blood* est inspiré par une autre star de la pop : Katy Perry. Elles étaient amies jusqu'à ce que la brune « lui porte un terrible coup bas, révèle-t-elle à *Rolling Stone*. En résumé, elle a essayé de saboter toute une tournée en embauchant un tas de gens qui s'étaient déjà engagés auprès de moi. » La vengeance de Taylor n'attend pas ; et sa chanson caracole en tête des ventes, accompagnée d'un clip à gros budget auquel participent plusieurs amies proches, dont Selena Gomez, Zendaya, Cara Delevingne, Hayley Williams et Jessica Alba.

LA CHANSON N° 5 : *All You Had to Do Was Stay*, enregistrée quelques jours seulement après sa rupture avec Harry Styles, lui est aussi probablement dédiée. Dans la chanson, Taylor s'adresse à un ex et regrette l'avenir qu'ils auraient pu avoir ensemble. L'idée lui vient dans un rêve où ledit ex vient toquer à sa porte : « Je lui ouvre et je m'apprête à dire exactement ce qu'il faut, raconte-t-elle dans une interview pour *GQ*. À la place, tout ce qui sort de ma bouche, c'est ce son choral aigu : "Stay!" »

LA REINE DU STREAMING : Huit mois après la sortie de « 1989 », Taylor annonce le retrait de sa musique du catalogue Apple Music, en protestation contre la nouvelle politique de l'entreprise de ne pas verser aux artistes les droits d'auteur provenant des essais gratuits de trois mois proposés aux utilisateurs. « On ne vous demanderait pas d'iPhones gratuits, écrit-elle dans sa lettre ouverte intitulée "À Apple, Amicalement, Taylor", alors ne nous demandez pas de vous fournir notre musique gratuitement. » Apple se rétracte quelques heures plus tard et garantit de « toujours s'assurer que les artistes sont rémunérés ».

LA TOURNÉE MONDIALE : En mai 2015, Taylor commence à Tokyo sa tournée pour « 1989 », qui comportera 85 destinations sur quatre continents en sept mois. Plusieurs célébrités internationales l'accompagnent sur scène pour interpréter leurs tubes, comme Justin Timberlake (*Mirrors*), Mick Jagger (*Satisfaction*), Lorde (*Royals*) ou Avril Lavigne (*Complicated*). D'autres viennent la soutenir en défilant sur la passerelle, dont les mannequins de son célèbre groupe d'amies, Karlie Kloss, Gigi Hadid et Lily Aldridge. Le 1989 World Tour est la tournée qui fait le plus de profit en 2015, rapportant 250 millions de dollars. Aux États-Unis, Taylor bat le record des recettes de tournée pour une artiste féminine, avec 181,5 millions de dollars.

LA REPRISE HOMMAGE : Il n'y a pas plus flatteur aux yeux de Taylor que le réenregistrement des chansons de « 1989 » par Ryan Adams en 2015. La version de Ryan, inspirée de son divorce d'avec Mandy Moore, n'est pas seulement un album de reprises, c'est aussi « une réinvention de mes chansons, dans lesquelles il y a cette tristesse superbe et douloureuse et cette nostalgie qui ne sont pas présentes dans l'original ». À noter que les débuts de la version de Ryan de « 1989 » surpassent ceux de la version de Taylor d'une place au classement Billboard 200. Sans rancune : Taylor incorpore même certaines des mélodies de Ryan durant ses prestations lors du 1989 World Tour.

LA « TAYLOR'S VERSION » : Neuf ans jour pour jour après sa percée officielle dans la pop, Taylor réitère l'exploit le 27 octobre 2023, avec sa *Taylor's Version* préférée. « Je suis née en 1989, je me suis réinventée pour la première fois en 2014, et j'ai récupéré une partie de moi en 2023 avec le réenregistrement de cet album que j'aime si fort, déclare Taylor dans une note manuscrite sur les réseaux sociaux. Même dans mes rêves les plus fous, je n'aurais jamais imaginé la magie que vous avez apportée à ma vie depuis tout ce temps. »
« 1989 (Taylor's Version) » est un succès aussi critique que commercial. Les vingt et une chansons, dont cinq « *From The Vault* », battent le record de l'album le plus écouté en une journée sur Spotify en 2023, avec 176 millions de *streams*. Il débute à la première place du classement Billboard 200, devient le 13ᵉ album n° 1 de Taylor (son chiffre porte-bonheur !) et surpasse l'original dans les ventes de la première semaine.

« REPUTATION »

SA VERSION DE L'HISTOIRE

DATE DE SORTIE : 10 NOVEMBRE 2017

• LISTE DES CHANSONS •

1. *...Ready for It?*
2. *End Game* (*featuring* Ed Sheeran and Future)
3. *I Did Something Bad*
4. *Don't Blame Me*
5. *Delicate*
6. *Look What You Made Me Do*
7. *So It Goes ...*
8. *Gorgeous*
9. *Getaway Car*
10. *King of My Heart*
11. *Dancing With Our Hands Tied*
12. *Dress*
13. *This Is Why We Can't Have Nice Things*
14. *Call It What You Want*
15. *New Year's Day*

LES RECORDS BATTUS : *Look What You Made Me Do*, le premier single, cumule 8 millions de *streams* en un seul jour sur Spotify. Son clip, réalisé par Joseph Kahn, bat également un record sur YouTube dans les vingt-quatre premières heures de sa sortie, avec 43,2 millions de vues.

LA DIRECTION CRÉATIVE : Quand Taylor commence l'écriture de son sixième album, dans le sillage des dégâts provoqués par le #TaylorSwiftIsOverParty, elle n'a qu'un seul mot en tête : réputation. Elle imagine quinze chansons qui lui redonnent le contrôle de son histoire déformée par les médias. « Reputation » est l'antithèse de « 1989 », avec sa production électronique portée par les synthés et les boîtes à rythme. « Je voulais aussi peu d'instruments acoustiques traditionnels que possible, explique Taylor à *Rolling Stone*. J'imaginais de vieux entrepôts déserts, des usines et, plus généralement, un univers très industriel. Donc la production ne devait pas avoir de bois. »

À première vue, « Reputation » apparaît comme une sombre réaction de colère face à l'hostilité qu'elle a subie. Mais Taylor, inspirée par *Game of Thrones*, insiste sur le fait qu'il s'agit d'une diversion. « C'est une histoire d'amour au milieu du chaos, surtout *Delicate*, *Call It What You Want* et *New Year's Day*. Tous les hymnes de guerre aux sonorités métalliques représentaient en quelque sorte l'extérieur et la bataille qui faisait rage au-dehors. Mais il y avait aussi à l'intérieur de moi ce nouveau monde, douillet et tranquille, que je créais à ma façon pour la première fois. C'est étrange, parce que les périodes les plus difficiles de ma vie et les atteintes à ma carrière et ma réputation, si j'ose dire, m'ont apporté certains de mes plus beaux moments et m'ont amenée à choisir cette vie paisible. »

LA COUVERTURE : Ce sont les photographes de mode Mert et Marcus, à qui on doit les clichés de Kate Moss pour le seizième anniversaire de *Playboy*, qui capturent ce portrait de Taylor en noir et blanc, avec son rouge à lèvres sombre et son tee-shirt abîmé, recouvert des gros titres des journaux à son sujet. « Son œil photographique est sans pareil, affirme Mert Ala à propos de leur sujet "très collaboratif". J'aime que les gens aient une opinion et un point de vue, et Taylor a une incroyable perspective. On avait plein d'idées avant le photoshoot, et on a tout changé le jour même, à coups de "peut-être qu'on devrait faire ci ou ça". C'était une collaboration de A à Z. C'est une fille super. »

L'INSPIRATION : Bien que son conflit avec Kanye West ait inspiré le concept de « Reputation », Taylor ne consacre que peu de temps au rappeur sur l'album. Juste le premier single, *Look What You Made Me Do,* et *This Is Why We Can't Have Nice Things,* qui est moins évident. Elle partage la signification de ce dernier titre au cours d'un événement organisé par iHeartRadio pour la sortie de l'album : « C'est à propos des choses que les gens prennent pour acquises, l'amitié ou la confiance ou la propension à ouvrir son cœur. S'ouvrir aux autres, leur faire confiance, avoir un respect mutuel... Tout ça est bien joli. »
Dans sa vie amoureuse, à la suite de sa rupture houleuse d'avec Calvin Harris, elle se console dans les bras de Tom Hiddleston (Loki dans *Thor*), et ce pseudo-triangle amoureux inspire *Getaway Car.* Une fois la flamme éteinte, Taylor rencontre l'acteur britannique Joe Alwyn au Met Gala en 2016. Ils restent discrets jusqu'à ce que la chanteuse partage ce souvenir dans *Dress,* en mentionnant la coupe militaire de l'acteur (pour son rôle dans *Un jour dans la vie de Billy Lynn*) et ses propres cheveux blond platine. Leur couple naît une bonne année avant la sortie de « Reputation » et inspire aussi entre autres *Gorgeous, King of My Heart, Call It What You Want* et *New Year's Day.*

LA CHANSON N° 5 : Taylor tombe amoureuse de Joe lorsque sa réputation est au plus bas. Le début de leur relation coïncide avec la période la plus chaotique de sa vie, ce qui rend les choses particulièrement *Delicate*. Comme elle l'explique dans les paroles de cette chanson, elle craint que « quelqu'un de très cher » entende des rumeurs peu flatteuses et les prenne pour argent comptant. « Est-ce que quelque chose de factice, comme une réputation, peut avoir des conséquences sur quelque chose de très réel, comme le processus qui vous amène à connaître quelqu'un ? On commence à se demander ce qui compte vraiment. C'est le premier moment de vulnérabilité de l'album où on se dit : "peut-être que finalement, ça a de l'importance", et on remet en question la réalité et la perception de l'image de quelqu'un et ses conséquences réelles. Pour résumer, c'est *Delicate*. »

Le clip de la chanson est réalisé par Joseph Kahn, qui collabore souvent avec la chanteuse, et reflète le désir de cette dernière de préserver sa relation du regard perçant du reste du monde. Elle reçoit un message magique qui la rend invisible, ce qu'elle fête en dansant pieds nus à travers Los Angeles, sans ses gardes du corps. À la fin du clip, elle se retrouve au bar de quartier mentionné dans la chanson. Elle n'est plus invisible, mais ses angoisses disparaissent lorsqu'elle croise le regard de son amant à travers la foule.

SANS LA PRESSE : « Reputation » est le premier album pour lequel Taylor ne fait aucune promotion dans la presse. Elle s'appuie sur ses réseaux sociaux et, bien sûr, sur ses fans dévoués à travers le monde. Ce sont les premiers à écouter l'album, et non pas les critiques. Taylor organise des séances secrètes chez elle, à Los Angeles, Nashville, Londres et Rhode Island, où elle invite 500 personnes à écouter « Reputation » en exclusivité et partage la genèse de l'album avec ses fans. « C'est bizarre que ce soit l'album qui ait besoin de plus d'explications, et celui dont j'ai le moins parlé. Durant les sessions secrètes pour "Reputation", j'ai dû m'expliquer et leur dire : "Je sais qu'on essaie quelque chose de nouveau et d'inédit pour moi." »

LE SUCCÈS COMMERCIAL : « Reputation » passe quatre semaines consécutives au top des classements et devient l'album le plus vendu de 2017, avec 4,5 millions d'exemplaires, alors même qu'il sort seulement sept semaines avant la fin de l'année.

LA TOURNÉE DE TRANSFORMATION : Malgré le thème obscur de l'album, le Reputation Stadium Tour « m'a propulsée au meilleur de ma santé et de mon équilibre », assure Taylor à *Rolling Stone* en 2019. Elle en est ressortie plus forte, ce qui l'a encouragée à répliquer contre Scooter Braun dans la bataille pour les droits de ses six premiers albums avec Big Machine Records.

« LOVER »

ODE À L'AMOUR

DATE DE SORTIE : 23 AOÛT 2019

• LISTE DES CHANSONS •

1. *I Forgot That You Existed*
2. *Cruel Summer*
3. *Lover*
4. *The Man*
5. *The Archer*
6. *I Think He Knows*
7. *Miss Americana & the Heartbreak Prince*
8. *Paper Rings*
9. *Cornelia Street*
10. *Death by a Thousand Cuts*
11. *London Boy*
12. *Soon You'll Get Better* (*featuring* The Chicks)
13. *False God*
14. *You Need to Calm Down*
15. *Afterglow*
16. *ME!* (*featuring* Brendon Urie of Panic! at the Disco)
17. *It's Nice to Have a Friend*
18. *Daylight*

LES RECORDS BATTUS : « Lover » se vend à 867 000 exemplaires durant la première semaine, soit plus que la totalité des 199 autres albums du Billboard 200 combinés. Il s'agit également du seul album vendu à plus de 1 million d'exemplaires en 2019. Toutes les chansons de « Lover » sont en tête des ventes, un record pour une artiste féminine.

LA DIRECTION CRÉATIVE : Après l'ambiance « ténébreuse sorcière des marais » de « Reputation », Taylor est auréolée de lumière pour ce septième album. Dans l'idée, c'est un album à l'esthétique « de plein jour, de champs en plein soleil, révèle-t-elle à ses fans lors de Lover's Lounge, durant la promotion. Quand j'ai écrit ces chansons, j'avais l'esprit beaucoup plus ouvert, libre, romantique et fantaisiste. » Mais ce n'est pas parce que l'album s'appelle « Lover » que tout est rose bonbon. Les dix-huit chansons – plus nombreuses que dans ses autres albums – traitent effectivement d'amour, mais « dans tout ce qu'il a d'exaspérant, de passionné, d'excitant, de délicieux, d'atroce, de tragique et merveilleux ».

« Lover » est un nouveau départ ; c'est son premier album avec Republic Records suite à son départ de Big Machine, et cela s'entend. Cependant, on y trouve des allusions à l'ancienne Taylor, morte et enterrée, dans *Look What You Made Me Do.* « Je ne crois pas m'être jamais laissé autant happer au niveau créatif par cette ancienne version de moi, c'est très, très autobiographique, confie-t-elle à *Rolling Stone.* Mais il y a aussi des passages très accrocheurs et d'une extrême authenticité. »

LA COUVERTURE : Le romantisme de « Lover » a été capturé et sublimé par Valheria Rocha, photographe et spécialiste du collage d'origine colombienne, qui a alors vingt-quatre ans et dont on imagine aisément le style vibrant et fantaisiste sur un tableau Pinterest. « J'ai toujours vu les choses avec un filtre irisé, pailleté, pastel et rose, avec des étoiles, des cœurs et des licornes, déclare Rocha à *Billboard.* J'ai toujours eu les mêmes goûts, l'historique de mon œuvre l'atteste. La lumière et le romantisme y ont toujours eu leur place [...] On m'a toujours dit que mon travail apportait de la joie aux gens, et il m'en apporte aussi. Alors, à mon sens, mes photos représentent les sonorités de "Lover". »

L'INSPIRATION : Sans surprise, la majorité des titres de « Lover » ont été inspirés par le petit ami d'alors de Taylor, Joe Alwyn. Elle a bien en tête que les

fans comme la presse vont en décortiquer les paroles pour en apprendre plus sur leur relation, comme leur emménagement (*Lover*) ou leurs discussions autour du mariage (*Paper Rings*). Mais pour Taylor, c'est un moyen de raconter elle-même cette histoire. « S'exprimer par la chanson permet d'articuler les choses de manière plus véridique, admet-elle devant *Rolling Stone.* Quoi qu'il arrive, il est impossible d'émouvoir quelqu'un avec un texte seul de la même manière qu'avec le parfait accompagnement musical de cette émotion. C'est un équilibre difficile à trouver, de rester à la fois une compositrice authentique et d'avoir été propulsée dans cette vie très publique et de faire bizarrement partie de la pop culture. »
Mais tout n'est pas lié à Joe. Taylor écrit notamment une lettre d'amour à sa mère, Andrea, qui se bat contre un cancer. *Soon You'll Get Better* a été « très, très difficile à écrire », et la décision est finalement prise en famille d'inclure quelque chose de si intime dans l'album. *You Need To Calm Down,* de son côté, est une ode à la communauté LGBTQ+. « La chanson traite notamment de la discrimination que subit toute une catégorie de personnes qui ne peuvent pas vivre comme elles l'entendent à cause de qui elles aiment. »

LA CHANSON N° 5 : Taylor et Jack Antonoff coécrivent *The Archer* en seulement vingt minutes. Dans cette ballade empreinte d'anxiété, Taylor analyse sa responsabilité dans son passé amoureux : elle aussi a tenu l'arc et les flèches, elle a été tantôt la chasseresse et tantôt la proie. Les visuels jouent également sur son signe astrologique, le Sagittaire (du latin *sagittarius,* « archer »), une créature mythique mi-homme mi-cheval. Les cinquièmes chansons des albums de Taylor sont particulièrement « honnêtes, intenses, vulnérables et personnelles » – c'est peut-être pour cela que l'artiste n'a jamais publiquement révélé aucun détail sur *The Archer,* hormis que ce ne serait pas un single.

LA LUMIÈRE DANS LES TÉNÈBRES : Taylor est si déterminée à créer l'opposé parfait de « Reputation » qu'elle est sur le point d'intituler l'album « Daylight », comme la toute dernière chanson. Mais « Je trouvais que ce serait peut-être un peu trop évident et sentimental, » explique-t-elle à *Rolling Stone.* Je l'ai appelé "Daylight" dans ma tête pendant un moment, mais "Lover" était un titre plus intéressant à mes yeux ; il collait mieux aux thèmes de l'album, et c'était un concept plus flexible. »

LE DUO NOTABLE : Avant les Taylor's Versions, ses albums ne contiennent que peu de duos en dehors de ceux avec Ed Sheeran, dont *Everything Has Changed* et *End Game* (*featuring* Future). Néanmoins, dès qu'elle écrit le refrain de *ME!*, le premier single de « Lover », Taylor sait que « c'est vraiment un duo, parce qu'on veut entendre les deux versions de l'histoire », comme elle le raconte sur son Instagram Live. « Ça parle d'individualité et de réassurance dans une relation, du fait de se dire : "Tu es irremplaçable, je suis irremplaçable, ne soyons pas inquiets." » Brendon Urie, de Panic! at the Disco, est un de ses chanteurs-compositeurs préférés et le partenaire idéal pour ce titre. Elle lui envoie immédiatement le squelette de la chanson, avec la requête suivante : « Je voudrais qu'on la finisse ensemble, il me manque un prérefrain et deux ou trois autres choses. » Brendon déclare qu'il est immédiatement « obsédé par la chanson », mais un mois plus tard, le matin où il est supposé enregistrer leur duo : « Je me suis réveillé avec 40 de fièvre, je n'avais plus de voix, c'était terrifiant », déclare-t-il. Miraculeusement guéri en entrant dans le studio, il écrit le célèbre prérefrain théâtral de *ME!* : « Il arrive et se met tout de suite à chanter : "Girl, there ain't no 'I' in team" », rapporte Taylor dans un Instagram Live.

LA VILLE DE L'AMOUR : Avant que la pandémie ne tue dans l'œuf la tournée mondiale Lover Fest, Taylor donne un unique concert à Paris le 9 septembre 2019. Les 2 000 fans présents à l'Olympia cette nuit-là sont les heureux gagnants d'un jeu-concours à échelle internationale. Le lendemain de l'annulation officielle de Lover Fest, une version abrégée de ce concert, Taylor Swift : City of Lover, est disponible en streaming sur Hulu et Disney+.

« folklore »

UNE ÉCHAPPATOIRE MUSICALE PENDANT LE CONFINEMENT

DATE DE SORTIE : 24 JUILLET 2020

• LISTE DES CHANSONS •

1. *the 1*
2. *cardigan*
3. *the last great american dynasty*
4. *exile* (*featuring* Bon Iver)
5. *my tears ricochet*
6. *mirrorball*
7. *seven*
8. *august*
9. *this is me trying*
10. *illicit affairs*
11. *invisible string*
12. *mad woman*
13. *epiphany*
14. *betty*
15. *peace*
16. *hoax*

ÉDITION DELUXE

17. *the lakes*

LES RECORDS BATTUS : « folklore » bat le record du monde Guinness de l'album d'une artiste féminine le plus streamé le jour même de sa sortie (80,6 millions sur Spotify), surpassant ainsi « Thank U, Next » d'Ariana Grande. Et 1,3 million d'exemplaires de l'album sont vendus en moins de vingt-quatre heures.

LA DIRECTION CRÉATIVE : Taylor se terre chez elle et, pour se distraire de la pandémie, elle dévore livres et films dont la plupart traitent

« d'époques révolues, d'un monde qui n'existe plus ». Elle puise sa créativité dans ce concept et imagine une myriade de chansons mélancoliques « aux accents d'échappatoire », accompagnées de nouvelles sonorités pop-folk et rock alternatif. Taylor essaie également de nouvelles choses dans l'écriture, à commencer par une imagerie frappante telle « qu'un cardigan encore imprégné de l'arôme du manque, vingt ans après », qui devient le premier single. « Rapidement, ces images conjurées par mon esprit ont formé des visages puis des noms et sont devenues des personnages, révèle-t-elle sur les réseaux sociaux. Je me suis retrouvée à écrire non seulement de ma perspective, mais aussi de celle de personnes que je n'ai jamais rencontrées, et d'autres que je connais ou que j'aurais préféré ne jamais connaître. »
La sortie de « folklore » est à l'origine prévue pour 2021, mais Taylor suit son instinct et l'album sort finalement seulement onze mois après « Lover ». La chanteuse et son équipe peaufinent le look de l'album et les vidéo clips avec paroles et les soumettent à Republic Records une semaine au préalable. Le 23 juillet 2020, Taylor poste sur ses réseaux sociaux neuf photos en noir et blanc qui constituent la couverture de l'album, et annonce sa sortie pour le soir même à minuit.

LA COUVERTURE : Taylor a une idée très spécifique de la direction artistique de cette couverture : « une fille somnambule dans la forêt, en chemise de nuit, en 1830 ». Pour donner vie à sa vision, elle fait appel à Beth Garrabrant, photographe spécialisée dans la représentation de la jeunesse américaine en couleurs vives, mais qui s'est récemment plongée dans le cinéma en noir et blanc – exactement ce que Taylor désire pour « folklore ». « On a exploré le surréalisme et une imagerie qui représenterait l'être humain dans la nature, révèle Garrabrant à *i-D*. On a aussi exploré l'autochrome à ses débuts, l'ambrotype, et des albums photo des années 1940. » Pour des raisons de sécurité et de confidentialité, Taylor et Beth font le photoshoot seules dans un champ, et la chanteuse se maquille et se coiffe elle-même. Sa collaboration avec la photographe lui plaît tant que Taylor fait de nouveau appel à elle pour « Midnights » et les Taylor's Versions de « Red », « Speak Now » et « 1989 ».

L'INSPIRATION : Exceptionnellement, Taylor tire plus son inspiration d'un monde et de personnages fictifs que de sa vie personnelle, quoique les enjeux restent ancrés dans la réalité : amours de jeunesse, trahisons, vengeances… « folklore » campe trois personnages à différents stades de leur vie. Pour que son public ne perde pas le fil, elle dissimule des indices permettant de « discerner qui s'adresse à qui » dans les paroles des chansons. L'intrigue principale, qu'elle appelle le « triangle amoureux adolescent », suit les protagonistes, Betty, Inez et James (prénoms des enfants de Blake Lively, une amie proche) dans leurs tribulations émotionnelles. Le récit commence par *cardigan*, se poursuit avec *august*, où James trompe Betty avec une autre fille qui n'est pas nommée (« Augusta ou Augustine », révèle Taylor dans *« folklore »: the long pond sessions*), et se termine avec *betty* et les excuses de James.
L'album raconte aussi l'histoire d'une figure historique mondaine, la compositrice Rebekah Harkness, qui fut à son époque la femme la plus riche des États-Unis. Taylor se prend de passion pour cette veuve excentrique dont elle a racheté la résidence à Rhode Island en 2013. « Dès que j'ai entendu son histoire, j'ai cherché à en savoir plus, donc j'ai lu tout ce que j'ai pu, confie-t-elle à *Entertainment Weekly*. Au fur et à mesure, des parallèles se sont tracés entre nous : toutes deux propriétaire de ce manoir sur la colline et cible privilégiée des commérages. Je cherchais l'opportunité d'écrire à son propos, et je l'ai enfin trouvée. » Par trois fois, en vérité, sur *the last great american dynasty*, sur *mad woman* et sur *epiphany*.

LA CHANSON N° 5 : La toute première chanson écrite par Taylor pour « folklore », *my tears ricochet,* est tirée de sa propre expérience : le conflit « délicat » de 2018 avec Scott Borchetta, qui l'a découverte pour Big Machine Records. *Marriage Story,* de Noah Baumbach, fait partie des films qu'elle a regardés durant le confinement. La fin « déchirante » de la relation brutalement mise en scène la pousse à considérer sa propre situation comme un divorce. « Tout à coup, la personne en qui tu as le plus confiance au monde devient celle qui peut te faire le plus de mal, explique-t-elle à *Entertainment Weekly.* Tout à coup, ça fait mal de penser à toutes les choses que vous avez traversées ensemble. Tout à coup, ton meilleur ami devient ton pire ennemi. »

L'ENREGISTREMENT EN DISTANCIEL : En plus de Jack Antonoff, son collaborateur de longue date, Taylor invite Aaron Dessner, le guitariste du groupe indie-rock The National, à produire son disque. Les précautions dues au Covid-19 les poussent à travailler à distance, Jack et Aaron à New York, et Taylor chez elle, à Los Angeles, dans le studio qu'elle a fait construire pour l'occasion : Kitty Committee (ainsi nommé en l'honneur de ses trois chats, Meredith, Olivia et Benjamin).

UN SECRET BIEN GARDÉ : Seuls sa famille, son petit ami et son équipe de managers savaient que Taylor composait un nouvel album. « Beaucoup d'amis m'ont écrit pour me demander : "Pourquoi tu ne m'as rien dit pendant nos FaceTime quotidiens ?" », raconte-t-elle. Même pendant la production du clip de *cardigan,* que Taylor réalise elle-même, elle maintient le secret en gardant l'audio dans ses écouteurs et sans chanter les paroles à voix haute.

LES RÉCOMPENSES : « folklore » est sacré album de l'année aux Grammy Awards de 2021 ; Taylor est la première artiste féminine à remporter ce trophée trois fois de suite (à l'époque, du moins, car aujourd'hui, elle est la première artiste tout court à l'avoir emporté quatre fois d'affilée).

« evermore »

L'ALBUM FRÈRE DE « FOLKLORE »

DATE DE SORTIE : 11 DÉCEMBRE 2020

• LISTE DES CHANSONS •

1. *willow*
2. *champagne problems*
3. *gold rush*
4. *'tis the damn season*
5. *tolerate it*
6. *no body, no crime* (*featuring* HAIM)
7. *happiness*
8. *dorothea*
9. *coney island* (*featuring* The National)
10. *ivy*
11. *cowboy like me*
12. *long story short*
13. *marjorie*
14. *closure*
15. *evermore* (*featuring* Bon Iver)

ÉDITION DELUXE

16. *right where you left me*
17. *it's time to go*

LES RECORDS BATTUS : Lorsque « evermore » débute à la première place du Billboard 200, « folklore » en occupe encore la troisième place – Taylor Swift est la seule artiste féminine de l'Histoire dont deux albums figurent simultanément dans le Top 3. Elle bat également le record du monde Guinness du laps de temps le plus court entre deux sorties d'albums qui deviennent n° 1 (140 jours).

LA DIRECTION CRÉATIVE : Taylor surprend de nouveau ses fans moins de cinq mois après la sortie de « folklore », avec sa suite logique, « evermore », écrit et produit par la même équipe, à l'exception de quelques invités de marque. « Pour faire simple, on arrivait plus à s'arrêter, déclare Taylor. Et pour mieux le dire, c'est comme si on se tenait à l'orée de la forêt de "folklore" et qu'on avait le choix entre tourner les talons ou s'aventurer plus loin dans les bois de cette musique. On a choisi de continuer… »

Cet album est plus collaboratif qu'à l'ordinaire, avec Dessner et le reste de The National à la composition de la quasi-totalité de la musique, et Taylor, bien sûr, aux paroles. « evermore » sort trois jours avant le trente et unième anniversaire de l'artiste, mais c'est pourtant bien un cadeau qu'elle fait à ses fans. « Vous avez été si prévenants, encourageants et bienveillants lors de mes anniversaires, cette fois c'est à moi de vous offrir quelque chose. Je sais aussi que cette période de fêtes sera solitaire pour nombre d'entre nous, et si comme moi vous vous tournez vers la musique quand quelqu'un vous manque, cet album est pour vous. »

UN CADRE IDYLLIQUE : Après un enregistrement en distanciel pour « folklore », Taylor s'est rendue dans le bucolique Long Pond Studio de Dessner, dans sa longère familiale du XVIIIe siècle à Hudson Valley, New York, pour filmer une prestation musicale intimiste pour Disney+. Le lendemain matin, dans sa cuisine, elle lui présente une chanson écrite durant la nuit. Ils se rendent au studio le jour même et continuent d'écrire. Taylor prolonge son séjour à Long Pond, où ils finissent par écrire la quasi-totalité des chansons d'« evermore ». « C'était fou parce qu'on se préparait à faire ce film, mais en même temps, les idées s'empilaient, rapporte Dessner à *Rolling Stone.* Donc on s'est dit : "Eh bien, il n'y a plus qu'à rester et travailler." »

L'INSPIRATION : « evermore » suit de nouveaux personnages, comme Dorothea, qui a quitté Tupelo et son amour de jeunesse pour les projecteurs de Los Angeles et qui revient dans sa ville natale dans *'tis the damn season.* Taylor creuse également dans sa propre histoire familiale avec *marjorie,* à propos de sa grand-mère maternelle, qui est une chanson miroir d'*epiphany* de « folklore », dans laquelle elle parle de son grand-père, Dean. Chacune de ces chansons est la treizième de l'album, le chiffre porte-bonheur de la petite-fille de Marjorie et Dean.

La grand-mère de Taylor, Marjorie Finlay, décédée en 2003, était une chanteuse d'opéra, et elle a encouragé Taylor à aller poursuivre ses rêves à Nashville. Dans « evermore », Taylor pleure cette perte et tout ce qu'elles n'ont jamais eu l'occasion de partager. « Je crois qu'une des pires formes de regret est celui de perdre quelqu'un à un si jeune âge, avant de pouvoir pleinement le connaître et l'apprécier en tant que personne, explique-t-elle à Zane Lowe pour Apple Music. Je n'ai pas pu le faire. J'ouvrais l'armoire de ma grand-mère et je voyais ces superbes robes des années 1960, et j'aurais voulu pouvoir lui demander où elle avait porté chacune d'elles. Ce genre de choses. »

LA CHANSON N° 5 : Dans ce même thème des regrets liés à une relation, *tolerate it* traite d'un mariage au bord de l'implosion, du point de vue d'une épouse longuement ignorée et laissée pour compte. Pourquoi cette place dans l'album ? « À cause des paroles et du visuel qui suggère un type de douleur très particulier. » Dessner compose la mélodie au piano, avec une métrique irrégulière qu'il juge au départ trop expérimentale pour Taylor. « Ça a convoqué une scène dans son esprit, raconte-t-il à *Rolling Stone*, et elle a écrit cette chanson bouleversante et sublime, qu'elle m'a envoyée. Je crois bien que j'ai pleuré à la première écoute. »

LE STYLE VISUEL : Sur la couverture d'*evermore*, l'accent est mis sur la tresse de Taylor, photographiée de dos. Mais c'est le choix du manteau, une pièce en laine orange et brune de Stella McCartney, qui attire l'attention. En quelques heures, l'article à 2 875 dollars est épuisé, ainsi que d'autres vêtements McCartney utilisés pour le photoshoot, comme une veste en jean à doublure en peau de mouton. « Stella est tellement créative. J'ai mentionné un projet secret et elle a imaginé des vêtements qui étaient exactement ce que j'avais en tête, s'extasie Taylor lors d'une session de questions-réponses sur YouTube. Je suis allée les chercher à son bureau, et je les ai embarqués dans les bois ! »

LA DOUBLE MISSION : Avant même d'avoir terminé « evermore », Taylor commence à réenregistrer sa version de « Fearless ». D'ailleurs, elle se retrouve un jour à enregistrer simultanément les arrangements vocaux pour *happiness* de « evermore » et *You Belong With Me (Taylor's Version)*, qui sortent à quatre mois d'intervalle.

LE TROISIÈME ALBUM ? : Taylor révèle huit couvertures alternatives pour « folklore ». L'une d'entre elles attire tout particulièrement l'attention des fans les plus zélés : on devine le mot *woodvale* dans le ciel de la version « cache-cache », ce qui déclenche moult théories sur un troisième album frère à venir après la sortie d'« evermore ». Taylor se voit obligée de dissiper la confusion et de clarifier les choses en expliquant qu'il s'agit non pas d'un indice, mais d'une méprise. « J'ai tendance à jouer un peu à l'agent secret avec mes indices et les signaux que j'envoie, ça m'amuse et ça amuse mes fans parce qu'ils aiment rassembler les pièces du puzzle. Mais parfois, je vais trop loin et je fais des erreurs », admet-elle sur Jimmy Kimmel Live. Elle raconte qu'elle s'inquiétait tellement que la surprise soit éventée pour « folklore » qu'elle a élaboré un « nom de code » avec le même nombre de lettres ; puis son équipe a maquetté une couverture avec le (faux) titre *woodvale* pour que Taylor puisse voir ce que ça donne et décider d'inclure ou non le titre de l'album sur la couverture… et qu'elle a oublié de l'enlever de la version finale.

« MIDNIGHTS »

LE RÉCIT DE SES NUITS BLANCHES

DATE DE SORTIE : 21 OCTOBRE 2022

• LISTE DES CHANSONS •

1. *Lavender Haze*
2. *Maroon*
3. *Anti-Hero*
4. *Snow on the Beach* (*featuring* Lana Del Rey)
5. *You're on Your Own Now, Kid*
6. *Midnight Rain*
7. *Question… ?*
8. *Vigilante Shit*
9. *Bejeweled*
10. *Labyrinth*
11. *Karma*
12. *Sweet Nothing*
13. *Mastermind*

ÉDITION 3AM

14. *The Great War*
15. *Bigger Than the Whole Sky*
16. *Paris*
17. *High Infidelity*
18. *Glitch*
19. *Would've, Could've, Should've*
20. *Dear Reader*

ÉDITION TIL DAWN

21. *Hits Different*

LES RECORDS BATTUS : « Midnights » est l'album le plus écouté les premières vingt-quatre heures, avec 186 millions de streams ; il détient également le record des plus grosses ventes de vinyls au XXIe siècle. C'est l'album le plus vendu de 2022.

LA DIRECTION CRÉATIVE : La seule chose que Taylor aime plus qu'une bonne accroche, c'est un album concept. « Midnights », son dixième album consécutif à démarrer à la première place du Billboard 200, naît de « souffrances nocturnes », de ses introspections à ses « réflexions sur ce qui aurait pu être », en passant par les débuts et la fin d'une relation. Bien que son équipe de production soit la même que pour « folklore » et « evermore » (Antonoff et Dessner), les sonorités de « Midnights » sont inédites. L'album incorpore de la dream-pop, un genre de rock alternatif caractérisé par une utilisation de textures sonores et un chant murmuré, ainsi que de la musique lo-fi, pop baroque, electronica et RnB créée par Antonoff à base de synthés vintage et d'une Klemt Echolette pour le traitement de la voix.

UNE PROMOTION CHAOTIQUE : Taylor prend le parti de révéler les titres des chansons de l'album une par une dans une série de vidéos TikTok appelée *« Midnights » Mayhem With Me.* À chaque épisode, elle tire au hasard une balle de ping-pong à l'aide d'une machine de bingo où chaque numéro correspond à une chanson de la liste, dont elle annonce le titre dans le combiné d'un téléphone rouge. Les fans passent les vidéos au crible, de la main utilisée par Taylor pour décrocher au sens du combiné – on ne sait toujours pas pourquoi le téléphone est à l'envers pour *Anti-Hero* et *Vigilante Shit...*

L'INSPIRATION : Tout est inspiration pour « Midnights », ex et ennemis inclus, mais le premier single, *Anti-Hero,* suggère que le principal « problème » de Taylor n'est autre que Taylor elle-même. On retrouve dans *Question...?* et *Mastermind* ses problèmes d'insécurité et ses autocritiques. On devine l'anxiété due à la longévité d'une relation dans *Lavender Haze,* un terme des années 1950 qui désigne un amour qui reste dans sa bulle et qu'elle reprend d'un épisode de *Mad Men,* ainsi que dans *Snow on the*

Beach et *Midnight Rain*. La lutte pour les droits de ses six premiers albums est vraisemblablement ce qui l'empêche de dormir dans *Vigilante Shit*, où elle se venge d'un traître (vraisemblablement Borchetta ou Braun). Dans *Karma*, la roue tourne enfin.

Taylor donne un aperçu de ses rêveries nocturnes à ses fans dans l'introduction de son dixième album sur Instagram. « On reste paralysé dans notre lit, d'amour et de peur, d'agitation et de pleurs. On fixe les murs et on se saoule jusqu'à ce qu'ils nous répondent. On se retourne dans des cages de notre propre création et on prie de ne pas être en train de commettre une erreur fatale qui affectera le reste de notre vie. C'est un éventail de chansons écrites au beau milieu de la nuit, un voyage à travers nos cauchemars et nos rêves paisibles, nos cent pas et nos démons. Pour tous ceux qui se sont mille fois tournés et retournés dans leur lit, qui ont décidé de laisser la lumière allumée et d'aller à l'aventure dans l'espoir que, peut-être, aux douze coups de minuit, tout deviendra clair. »

LA CHANSON N° 5 : De toutes les choses qui empêchent Taylor de trouver le sommeil, son ascension stratosphérique est dans le haut de la liste. *You're On Your Own, Kid* est une chronique du passage à l'âge adulte retraçant les hauts et les bas de sa carrière aussi bien que de sa vie privée. Cette dichotomie se reflète dans la musique, avec des rythmes sourds au début qui vont crescendo.

Six mois avant la sortie de « Midnights », Taylor donne un indice sur cette fameuse chanson n° 5 lors de son discours de remise de diplômes à l'université de New York : « Comment conseiller tant de gens sur leurs choix de vie ? se demande-t-elle devant la promotion 2022. Je n'en ferai rien. La mauvaise nouvelle, c'est que vous devez voler de vos propres ailes. Et la bonne nouvelle, c'est que vous pouvez voler de vos propres ailes. »

Stevie Nicks, une des idoles musicales de Taylor, fait l'éloge de *You're On Your Own, Kid,* qui l'a aidée à faire le deuil de son amie et partenaire de Fleetwood Mac Christine McVie, décédée en novembre 2022. La chanson « capture la tristesse que je ressens, déclare Nicks. On a toujours été toutes seules, ensemble, et maintenant je dois apprendre à être toute seule, toute seule. »

LE DUO CRÉATIF : « Midnights » n'aurait peut-être pas été « Midnights » si Joe Alwyn, le petit ami de Taylor, et Margaret Qualley, l'épouse de Jack Antonoff depuis août 2023, n'étaient pas partis au Panama ensemble pour filmer leur thriller romantique *Stars at Noon.* Taylor et Jack sont restés seuls à New York, et ils en ont profité pour imaginer onze des chansons de l'album.

SPECIAL EDITIONS: Le thème de la nuit blanche perdure au-delà de l'album original : trois heures à peine après la sortie de « Midnights », le 22 octobre à minuit, Taylor partage l'Édition 3am avec sept chansons bonus, dont *The Great War, Bigger Than the Whole Sky* et *Paris*.
Le 26 mai, non pas une, mais deux éditions spéciales supplémentaires apparaissent : *Til Dawn,* sur laquelle Lana Del Rey chante tout le deuxième couplet de *Snow On The Beach* et qui inclut un remix de *Karma* avec la rappeuse Ice Spice, et Late Night, qui offre *You're Losing Me,* une chanson « *From The Vault* » qui porte probablement sur la fin de sa relation avec Joe Alwyn, au bout de six ans.

LES RÉCOMPENSES : Le 4 février 2024, Taylor remporte son quatrième album de l'année aux Grammy Awards pour « Midnights », ce qu'elle est la première artiste dans l'Histoire à accomplir. Elle repart également avec le trophée du meilleur album vocal pop.

« THE TORTURED POETS DEPARTMENT » (« TTPD »)

EN AMOUR COMME EN POÉSIE, TOUS LES COUPS SONT PERMIS

DATE DE SORTIE : 19 AVRIL 2024

• LISTE DES CHANSONS •

1. *Fortnight* (*featuring* Post Malone)
2. *The Tortured Poets Department*
3. *My Boy Only Breaks His Favorite Toys*
4. *Down Bad*
5. *So Long, London*
6. *But Daddy I Love Him*
7. *Fresh Out the Slammer*
8. *Florida!!!* (*featuring* Florence and the Machine)
9. *Guilty as Sin?*
10. *Who's Afraid of Little Old Me?*
11. *I Can Fix Him (No Really I Can)*
12. *Loml*
13. *I Can Do It With a Broken Heart*
14. *The Smallest Man Who Ever Lived*
15. *The Alchemy*
16. *Clara Bow*

THE TORTURED POETS DEPARTMENT – THE ANTHOLOGY

17. *The Black Dog*
18. *imgonnagetyouback*
19. *The Albatross*
20. *Chloe or Sam or Sophia or Marcus*
21. *How Did It End?*
22. *So High School*
23. *I Hate It Here*
24. *thanK you aIMee*
25. *I Look in People's Windows*
26. *The Prophecy*
27. *Cassandra*
28. *Peter*
29. *The Bolter*
30. *Robin*
31. *The Manuscript*

LE DOUBLE ALBUM : Un c'est bien, deux c'est mieux ! Deux heures après la sortie de « The Tortured Poets Department », Taylor partage quinze autres chansons dans « The Anthology », une deuxième collection « d'opinions et d'émotions tirées d'un moment éphémère et fatidique, à la fois extraordinaire et douloureux », qu'elle annonce sur les réseaux sociaux. « Surprise ! "The Tortured Poets Department" est un DOUBLE album, déclare-t-elle. J'ai écrit tant de poésie torturée ces deux dernières années que je voulais la partager avec vous... Et à présent, l'histoire ne m'appartient plus... elle est tout à vous. »

L'APRÈS- « MIDNIGHTS » : Lorsque Taylor remporte son treizième Grammy du meilleur album pop vocal pour « Midnights » en 2024, ses fans y gagnent tout autant qu'elle. « Je veux vous remercier... en vous révélant un secret que je garde depuis deux ans : mon tout nouvel album sort le 19 avril. Il s'appelle "The Tortured Poets Department" », annonce-t-elle sur scène. Quand sa tournée The Eras Tour reprend au Japon quelques jours plus tard, elle en dit plus sur la *timeline* suggérée dans son discours de remerciement : « J'ai commencé à travailler sur "Tortured Poets" dès que j'ai eu terminé "Midnights", raconte-t-elle à la foule rassemblée au Tokyo Dome. Donc je m'y suis mise immédiatement, et ça fait deux ans que j'y travaille. J'ai continué d'écrire tout le long de la tournée américaine, et je l'ai terminé quand je l'ai jugé parfait, c'est-à-dire assez bien pour vous. »

LA DIRECTION CRÉATIVE : Sur son onzième album, Taylor retrace l'histoire de sa relation avec Joe Alwyn et le début de sa vie après lui, de *Lover* à *Tortured Poets* (dont le nom serait tiré de celui du groupe WhatsApp Tortured Man Club, de Joe et ses partenaires à l'écran, Paul Mescal et Andrew Scott). Néanmoins, une poignée de chansons seulement semblent inspirées par l'acteur britannique, dont la chanson titre et *Loml* (acronyme de « *Love of My Life* »). Taylor résume l'expérience cathartique littéraire ainsi : « Il n'y a aucune vengeance à mener, aucun compte à régler une fois que les plaies ont guéri. Et après réflexion, beaucoup d'entre elles ont été auto-infligées. L'autrice qui vous parle est convaincue que nos larmes deviennent sacrées en devenant de l'encre sur une page. Une fois qu'on a avoué notre histoire la plus triste, on peut s'en affranchir. Et tout ce qu'il en reste, c'est de la poésie torturée. »

LA COUVERTURE : Taylor se tourne vers Beth Garrabrant pour la septième fois pour « TTPD », après « folklore », « evermore », « Midnights » et les « Taylor's Versions » de « Red », « Speak Now » et « 1989 ». Le visuel est frappant de simplicité mais sexy, avec Taylor en shorty taille haute noir et blouse semi-transparente, allongée sur les draps blancs de son lit. Son styliste Joseph Cassel a révélé que le haut était de Saint Laurent, et le bas de The Row, une de ses marques préférées, de Mary-Kate et Ashley Olsen.

L'INSPIRATION : Jake Gyllenhaal, John Mayer et Calvin Harris peuvent constater avec soulagement que les protagonistes de « The Tortured Poets Department » sont Joe Alwyn, Matty Healy et Travis Kelce. À vrai dire, le leader de The 1975, avec qui Taylor a eu une brève histoire durant l'été 2023, inspire une grande partie de l'album, de la première chanson, *Fortnight*, qui parle d'une romance éphémère, à *Guilty As Sin?* et *The Black Dog*, qui contiennent toutes deux des références musicales aux groupes préférés de Matty, The Blue Nile et The Starting Line. En guise, peut-être, d'adieu aux ex britanniques de Taylor, Joe et Matty, « TTPD » sort le jour anniversaire du début de la guerre de l'Indépendance américaine (le 19 avril 1775), qui a acté la séparation des États-Unis du Royaume-Uni.
« TTPD » marque la fin d'un chapitre et le début d'une tout autre anthologie. Taylor accueille à bras ouverts le futur avec Travis Kelce dans *The Alchemy*, qui compile plusieurs références liées au football américain : but, équipe, série de victoires, trophée, bière et hourras. Un amour comme le leur « n'arrive qu'une fois tous les deux ou trois siècles », comme elle le chante, donc elle décide de pas résister à la magie de « l'alchimie ».

LA CHANSON N° 5 : Aucune autre chanson sur « TTPD » ne fait plus clairement référence à la fin de sa relation avec Joe que *So Long, London*, qui semble être la suite directe de l'histoire commencée dans *London Boy*. Alors au revoir, Camden Market, et bonjour, City Market (à Kansas City). Taylor détaille l'agonie de son couple dans les paroles, qui contiennent quelques surprises, dont « Je me suis éteinte sur l'autel en attendant que tu me le prouves. » Elle parle aussi de « ses bleus à l'âme », une couleur fortement associée à Joe dans *Cruel Summer*, *Delicate* et *Gorgeous*.

L'HISTOIRE DU TITRE : Selon certains fans, le titre de l'album serait inspiré du nom du groupe WhatsApp de Joe Alwyn et de ses co-acteurs Paul Mescal et Andrew, « Tortured Man Club », qui a été révélé en 2022.

LES INVITÉS SPÉCIAUX : Post Malone, qui collabore avec Taylor sur *Fortnight*, le premier single de l'album, donne un indice sur leur duo à venir lors d'une interview d'octobre 2023 pour The Howard Stern Show sur SiriusXM, au nez et à la barbe des fans. On interroge l'artiste, de son vrai nom Austin Post, sur une vidéo virale de 2018 dans laquelle Taylor s'extasie sur son hit *Better Now* dans les coulisses des Billboard Music Awards. « Je suis tellement jalouse de cette chanson ! » s'exclame-t-elle en le croisant dans les couloirs. « C'était super, en dit-il à Stern, et très stimulant. » Il en profite pour raconter un moment récent passé avec elle, prenant le soin de mentionner que c'est « une putain de compositrice, bordel… absolument incroyable ! » Stern ne relève pas l'allusion à une possible collaboration et sonde plutôt Malone sur sa défaite lors du match de beer-pong face à Travis Kelce et Patrick Mahomes des Kansas City Chiefs, qui lui a valu de se faire tatouer l'emblème de l'équipe.
Pour déterminer le lien entre Taylor et Florence Welch, voix de Florence + the Machine et partenaire de Taylor sur *Florida!!!*, il faut chercher plus loin. En 2015, la rousse révèle à Billboard qu'une conversation avec Taylor (alors âgée de vingt-cinq ans) a inspiré son album « Ceremonials », qui traite de sa relation en pointillés avec son amant de longue date, James Nesbitt. « Taylor dit toujours qu'on doit puiser dans ce qui nous arrive. » Elles ont manifestement beaucoup en commun. Dans la même interview, Taylor se confie sur son amitié avec Florence Welch : « C'est la personne avec qui on s'amuse le plus à une fête, mais en cinq minutes, on peut passer de danses endiablées sur la piste à une conversation profonde sur l'amour et ses chagrins. Florence fait partie du peu de personnes véritablement électriques que je connais. »

LA CRITIQUE SOCIÉTALE : Par bien des aspects, « TTPD » est l'album le plus authentique et mature de Taylor. Elle n'y retient pas ses coups sur un nombre de sujets qui lui tiennent à cœur, notamment dans *Clara Bow*, sur la manière dont la société traite les artistes féminines, dont on cherche toujours à remplacer les plus anciennes par des artistes plus jeunes et plus « éblouissantes ». Sa célébrité est également un fil rouge de l'album : elle se compare à un animal de cirque qu'on a édenté dans *Who's Afraid of Little Old Me?*, elle supplie pour qu'on lui accorde la grâce d'un peu de normalité dans *The Prophecy*, et elle traite de la difficulté de devoir toujours s'oublier et sourire devant les projecteurs même en état de détresse dans *I Can Do It With A Broken Heart*.

CHAPITRE TROIS

Swiftologie

TAYLOR DE A À Z

Le langage utilisé dans l'univers de Taylor est aussi simple que complexe, aussi universel qu'exclusif. Ce système de communication va au-delà des mots, il est composé de symboles, de couleurs, de chiffres, de dates clés, de repères, de jargon, d'indices et de remarques en passant… un peu comme on se transmet des mots en classe, en quelque sorte. Pour simplifier, la Swiftologie, c'est la philosophie de Taylor. Si c'est difficile à intégrer pour des néophytes, c'est aussi simple que respirer pour les Swifties : c'est la fondation de sa relation avec ses fans. Des paroles écrites au marqueur sur ses bras durant la tournée pour « Speak Now » à sa collaboration avec Zoë Kravitz sur « Midnights », voici l'abécédaire que tout fan de Taylor Swift se doit d'apprendre.

À VOS MARQUEURS

Durant la tournée pour « Speak Now », l'identité de scène de Taylor se reconnaît à quelques éléments clés : sa minirobe brillante à franges, son rouge à lèvres carmin, ses cheveux bouclés et, bien sûr, les paroles de chansons gribouillées au marqueur noir sur son bras. Pour chacune des 110 dates, la chanteuse choisit un texte différent, à la manière d'un horoscope quotidien. Taylor lance cette tradition le 21 mai 2011 avec un extrait important de *Who Says*, de sa meilleure amie Selena Gomez, qui explique que cette chanson traite du harcèlement, notamment sur les réseaux sociaux. « En fait, elle s'adresse à ceux qui incitent à la haine, qui rabaissent les autres. » Manifestement, ce thème tient particulièrement à cœur à Taylor, puisque trois ans plus tard, elle écrit *Shake It Off*.

Parmi les autres chansons d'artistes talentueux qui ont orné le bras de Taylor, on trouve *Misguided Ghosts* de Paramore, *Fireflies* de Faith Hill, ainsi que d'autres plus surprenantes, comme *Lose Yourself* d'Eminem et *A Dustland Fairytale* de The Killers. Certaines s'inspirent de la ville où elle se produit à ce moment-là, par exemple *Boston* d'Augustana à Foxborough, dans le Massachusetts, ou bien *Philadelphia Freedom* d'Elton John, en hommage au lieu qui a vu naître la Déclaration d'indépendance des États-Unis. Exceptionnellement, lors de sa performance à Washington DC, Taylor choisit un extrait d'un discours du sénateur Robert F. Kennedy, qui l'avait lui-même emprunté au dramaturge George Bernard Shaw : « Moi je rêve de choses qui n'ont jamais existé et je me dis "pourquoi pas ?". » Plusieurs chansons sont également reprises pendant la tournée, comme *You Learn* d'Alanis Morissette et *Boys of Summer* de Don Henley.

Bien que Taylor ait rangé ses marqueurs à la fin de la tournée, elle y revient en 2023 dans le clip vidéo de *I Can See You*, une chanson « *From The Vault* » sur « Speak Now (Taylor's Version) ».

Dans la fameuse scène de ce clip, on la voit prisonnière dans un coffre-fort, vêtue d'une minirobe dorée à franges rappelant les tenues iconiques de la tournée, avec le nombre 13 inscrit sur sa main droite et des paroles de *Long Live* sur l'autre bras. Cette chanson a une signification particulière pour Taylor, car elle est dédiée à ses fans. Le clip de *I Can See You*, qu'elle a réalisé elle-même, est un hommage à cette tendresse-là. « J'ai écrit ce script il y a plus d'un an, et je voulais vraiment jouer symboliquement sur le soutien que mes fans m'ont apporté dans ma lutte pour les droits de ma musique », écrit Taylor sur ses réseaux sociaux après avoir dévoilé le clip pour la première fois à Kansas City pendant l'Eras Tour.

BLONDIE

Taylor a beaucoup de surnoms : Tay, Tay-Tay, T.Swift, T-Swizzle, Dead Tooth (si on s'appelle Jack Antonoff)... Cependant, Blondie est particulièrement utilisé par les fans, avec une sorte de tendresse insolente. « Blondie, qu'est-ce que tu trafiques ? », demande un fan sur les réseaux sociaux lorsque Taylor sort « Wildest Dreams (Taylor's Version) » alors que « Red (Taylor's Version) » a été annoncé. « Est-ce que j'ai besoin de ma psy ou de Blondie ? », questionne un autre sur un forum en ligne. En 2023, un gros titre de *USA Today* affiche « Que mijote Blondie ? » Même Halsey insiste en 2021 quand les fans la bombardent de questions à la suite d'un échange de tweets flatteurs entre Taylor et elle, dont un incluant trois émojis au visage implorant. Une allusion à une possible collaboration ? « Demande à Blondie », répond Halsey.

CHANTS DE FANS

C'est bien beau de chanter les paroles en chœur à un concert de Taylor Swift, mais les fans ont créé un moyen unique de rendre le spectacle plus interactif : en scandant des hymnes pendant certaines chansons. Cette tendance s'est enflammée avec l'Eras Tour.

“Take us to church, Taylor!”

Le cri de ralliement le plus connu est celui qui arrive tout au début de *Delicate* : juste après les premières notes et juste avant le début du couplet, Taylor fait une courte pause durant laquelle des millions de fans l’encouragent en hurlant : « *One, two, three, let’s go bitch!* » Cette tradition fait le tour d’Internet en 2018 durant le Reputation Tour, lorsque Emily Valencia, une fan de quinze ans, capture en vidéo son décompte des secondes de silence de ce passage lors d’un concert et le poste sur Twitter pour que les autres puissent suivre avec elle. « Plein de gens ont retweeté et ont commenté d’un “LOL le début !!!” et j’ai regardé la vidéo et j’étais mortifiée », écrit-elle dans un post Tumblr. Cependant, « One, two, three, let’s go bitch! » est resté : ça amuse beaucoup Taylor et elle accompagne même les fans en comptant sur ses doigts.

L’année d’après, à sa grande surprise, Emily reçoit une invitation personnalisée à participer aux Lover Secret Sessions pour y écouter le nouvel album en exclusivité chez Taylor à Los Angeles. « Quand je l’ai rencontrée, elle m'a accueilli en criant : "*One, two, three, let's go bitch!*" partage l'adolescente sur Tumblr. C'était fou, complètement fou. » Cette blague d'initiés illustre désormais nombre de tee-shirts, verres à vin et bracelets d'amitié faits par les fans, et bien qu'Emily soit frustrée de ne pas l'avoir exploitée elle-même, « ça me réchauffe le cœur que mes bêtises aient eu un tel résultat », affirme-t-elle.

Toujours durant la partie *Reputation* du concert, les fans hurlent : « *Take us to church, Taylor!* » en conclusion du prérefrain et avant l'arrangement vocal qui rappelle un chœur d'église. Par deux fois, le public reprend des paroles à l'origine chantées par un collaborateur : « *You forgive, you forget, but you never let it go!* » par Kendrick Lamar dans le remix de *Bad Blood*, et : « *Taylor, you'll be fine* » par Jack Antonoff dans la version d'*Anti-Hero* des Bleachers.

Certaines traditions se passent de mots. Pendant les prérefrains de *You Belong With Me* et de *Shake It Off*, il y a respectivement un double et un triple applaudissement. *Midnights* nous apporte la danse de Bejeweled créée par Mikael Arellano qui a fait sensation sur TikTok : elle commence par un court défilé, puis un tour sur soi-même, et finit par un mouvement de doigts. Avant la tournée, l'équipe de Taylor l'a contacté pour lui demander l'autorisation de reproduire le mouvement de danse au sein de la chorégraphie officielle du spectacle en échange de tickets VIP, ce qu'il a accepté avec joie. Au concert de Philadelphie, il a reçu le chapeau 22, signé par Taylor.

DÉCEMBRE

Il est normal d'avoir une affinité particulière avec son mois de naissance, mais pour Taylor, cette affection se traduit souvent en musique. Elle le mentionne notamment dans *Out of the Woods* et *evermore*, et de manière générale, les traditions de fêtes de fin d'année (le sapin, les lumières, les chants de Noël...) et les célébrations du Nouvel An inspirent souvent ses chansons (*New Year's Day*).

Néanmoins, le mois de décembre vient aussi avec son lot de mauvais souvenirs, dont sa séparation avec son petit ami Taylor Lautner en 2009 après sa visite surprise pour les vingt ans de la chanteuse. Elle s'en veut tellement qu'elle lui demande pardon en 2010 avec la chanson *Back To December*, dans laquelle elle explique vouloir retourner en arrière et faire les choses différemment. Rétrospectivement, elle a compris qu'elle n'avait pas réalisé ce qu'elle avait et n'aurait pas dû rompre. « J'ai toujours écrit à propos de situations réelles de ma vie et de choses qui ont besoins d'être dites, dira-t-elle à MTV News. Parfois, on tire une leçon trop tard et il faut savoir s'excuser quand on est en tort. »

THE ERAS TOUR : LE FILM

Si 4 millions de fans ont assisté à la première partie de la tournée aux États-Unis, des millions d'autres n'ont pas pu obtenir de billets. Cependant, le 13 octobre 2023, ils peuvent se consoler avec une expérience cinématographique à moindre coût : *Taylor Swift, The Eras Tour*, un long-métrage produit indépendamment par la chanteuse et filmé pendant les six concerts au So-Fi Stadium de Los Angeles. Même les prix sont dans le thème : 19,89 dollars la place pour les adultes, et 13,13 dollars pour les enfants et les seniors.

Tout comme pour la tournée, la demande pour le film du concert atteint des chiffres record. Pour éviter de répéter le fiasco de Ticketmaster en 2022, le distributeur officiel AMC Theaters améliore ses systèmes afin de pouvoir augmenter sa capacité de 500 %. En trois heures, *The Eras Tour* rapporte 26 millions de dollars à AMC, surpassant ainsi le record précédent de 16,9 millions détenu par *Spider-Man : No Way Home* en 2021. En une journée, il rapporte plus de 37 millions en préventes avec les chiffres de Regal et de Cinemark. C'est pourquoi Universal Pictures décale la sortie de *L'Exorciste :*

Dévotion au 6 octobre pour éviter d'entrer en compétition avec le film de Taylor Swift.

C'est l'événement d'une vie, et les cinémas se préparent en conséquence. Cinemark propose des seaux de popcorns à collectionner et offre la privatisation de ses salles jusqu'à 40 personnes pour des « projections privées Swifties ». La responsable marketing de Cinemark, Wanda Gierhart Fearing, connaît son public et annonce une « nouvelle ère » dans les expériences de visionnage en famille et entre amis proposées par la chaîne. Elle déclare notamment, en référence à la chanson *Speak Now*, être « enchantée des résultats sensationnels de l'événement ».

Deux jours avant la sortie, Taylor organise une première au Grove, le centre commercial à ciel ouvert le plus fréquenté de Los Angeles. 2 200 Swifties y assistent, dont Adam Sandler, Flavor Flav, Mariska Hargitay et nulle autre que Beyoncé. Après avoir foulé le tapis rouge, Taylor s'arrête devant chacun des treize cinémas AMC pour discuter et danser avec ses fans. « Rien ne m'a jamais apporté autant de joie et de plaisir que la tournée Eras Tour, déclare-t-elle à un groupe d'admirateurs. Vous constaterez que les fans sont les protagonistes du film, parce que c'est grâce à eux que cette tournée est magique. C'est ce qui la distingue de tout ce que j'ai fait auparavant. » Le week-end d'ouverture donne raison à Taylor : avec 123 millions de dollars de recettes au box-office, c'est le film-concert le plus rentable de l'Histoire.

FÊTE NATIONALE

On ne fait pas plus américain que Taylor Swift, et ses traditions pour la fête nationale le prouvent. Tous les ans depuis 2013, la chanteuse organise une célébration mémorable pour sa famille et ses amis sur son terrain de 2 hectares en bord de mer à Watch Hill, dans le Rhode Island. La première année, juste après avoir conclu l'achat de cette résidence historique pour 17,75 millions de dollars, Taylor invite sa « famille de tournée », composée de ses danseurs et musiciens, à fêter l'Indépendance avec des ateliers de maquillage, des lumières et des lancers de sacs de maïs.

En 2014, la liste des invités s'agrandit et inclut de nombreuses célébrités de tous horizons : Emma Stone, Andrew Garfield, Jaime King, Lena Dunham, Jessica Szohr de *Gossip Girl*, la mannequin Jessica Stam et Ingrid Michaelson, la voix de *Girls Chase Boys*. L'année d'après, son groupe d'amies célèbres rejoint l'événement en force, et Gigi Hadid, Martha Hunt et les sœurs Haim passent la journée sur le toboggan gonflable et la soirée en pyjama à motif drapeau américain. Dans l'optique de faire la paix, Taylor invite son ex, Joe Jonas, à l'époque le petit ami de Gigi, et son propre petit ami, Calvin Harris. La fête fait bien des jaloux, et la presse people s'enflamme et scrute les nombreuses photos des joyeuses célébrations postées par Taylor (qu'elle supprimera intégralement lors de la purge des réseaux sociaux précédant « Reputation »).

Sa quatrième fête du 4 juillet, surnommée « Taymerica », est historique. La star fournit des maillots de bain rouge, blanc et bleu, de Solid & Stripped aux dames (dont Blake Lively, Karlie Kloss, Cara Delevingne, St. Vincent, Ruby Rose, ainsi que ses amies d'enfance Abigail Anderson et Britany Maack). L'univers cinématographique Marvel y est bien représenté, avec Tom Hiddleston de *Thor*, le nouveau petit ami de Taylor, ainsi que Ryan Reynolds, star de *Deadpool* et époux de Blake Lively. Mais depuis leur âge d'or en 2017, les traditions du 4 juillet de Taylor se sont faites plus discrètes. La chanteuse a interrompu ces rassemblements à Rhode Island durant plusieurs années avec son Reputation Tour, « Lover » puis la pandémie de Covid-19. Cependant, elle a renoué avec la tradition en 2023 en célébrant l'Indépendance comme en 2014, avec Selena Gomez, les sœurs Haim, des polaroids, du karaoké, des bikinis et des sorbets à thème.

« Taylor a écrit des centaines de chansons, qui tombent toutes dans l'une de ces trois catégories : stylo à gel scintillant, plume ou stylo-plume. »

GEL SCINTILLANT

Taylor a écrit des centaines de chansons, qui tombent toutes dans l'une de ces trois catégories : stylo à gel scintillant, plume ou stylo-plume, « en fonction de l'instrument que j'imagine avoir dans la main quand je gribouille les paroles dans ma tête », avoue-t-elle. Elle révèle ce secret de création dans son discours de remerciements lorsqu'elle reçoit la distinction d'auteur-compositeur-interprète de la décennie aux Nashville Songwriter Awards. « Je n'en ai jamais parlé publiquement avant parce que c'est un peu ringard », admet-elle.

La plupart de sa discographie se classe dans la catégorie stylo-plume, avec des chansons poétiques et intimes comme *All Too Well* et *champagne problems*, tandis que la catégorie plume est la moins utilisée, avec des paroles que l'on « pourrait confondre avec une lettre écrite par l'arrière-grand-mère d'Emily Dickinson entre deux sessions de couture de rideaux en dentelle ».

Les chansons au stylo à gel scintillant, en revanche, sont des hits entraînants tels que *Shake It Off*.

« Les paroles au stylo à gel scintillant ne se prennent pas au sérieux et s'affranchissent de l'opinion des autres, elles sont légères, pleines d'entrain et de rythme, explique Taylor. Elles rappellent cette fille ivre que tu rencontres dans les toilettes en soirée et qui te dit que tu es belle comme un cœur. On en a tous besoin de temps en temps dans cette époque difficile. »

Les fans se sont tellement pris au jeu qu'elle leur offre trois playlists élaborées avec soin sur Apple Music avant la sortie de « Midnights », où elle associe chaque chanson à son instrument de choix. La playlist « stylo à gel scintillant » ne déçoit pas, avec ses chansons qui donnent envie de « s'égosiller en lançant des poignées de paillettes en l'air ». En plus des indémodables type *You Belong With Me* et *22*, Taylor y inclut deux chansons populaires de son dernier album : *Bejeweled* et *Karma*. « Elles nous rappellent de ne pas nous prendre trop au sérieux, ce dont on a tous besoin en ce moment », ajoute-t-elle.

"HEY KIDS, SPELLING IS FUN!"

En tant que compositrice, Taylor ne renie jamais ce qu'elle écrit, même face aux contrecoups des paroles écrites sur ses ex. Néanmoins, elle a complètement rayé une petite phrase de son répertoire : « *Hey kids, spelling is fun!* » Il s'agit de l'innocente transition vers le prérefrain de *ME!*, le premier single de « Lover », dans lequel Taylor et Brendon Urie (de Panic! at the Disco) énumèrent des mots (anglais) qui ne peuvent être épelés sans M et E, comme *team* et *awesome*.

On peut penser que ce n'est pas la meilleure œuvre de Taylor, mais la chanson est supposée être exagérée, une rengaine rose bonbon qui célèbre l'amour propre plutôt qu'une relation. « Les paroles suivent cette ambiance qu'on a choisie en studio », explique-t-elle à l'émission de radio australienne Carrie & Tommy. « On s'est justement dit : ok, on va inclure "Hey kids, spelling is fun!" parce qu'on veut souligner que la chanson n'est pas sérieuse, ce n'est pas censé être une réflexion philosophique sur l'amour. » Ça n'a pas suffi à apaiser les critiques moqueuses sur les réseaux sociaux. En conséquence, Taylor a supprimé ces paroles de la version finale de « Lover » à sa sortie et de ses prestations live.

I ♥ TS

À la manière des touristes qui affichent leur amour pour New York avec des souvenirs « I ♥ NY », Tom Hiddleston étale lui aussi son affection pour Taylor avec un tee-shirt « I ♥ TS » à l'été 2016, déclenchant ainsi une vague de réactions négatives. Il quitte la résidence de Rhode Island de la chanteuse en portant ce vêtement et se retrouve photographié par la presse people, qui croit à un coup de publicité. L'acteur de trente-cinq ans est rapidement la cible de trolls sur Twitter qui plaisantent sur la véritable identité de « TS » : le poète T.S. Eliot, le super-héros Marvel Tony Stark, l'actrice Tilda Swinton, voire même une Tequila Sunrise ?

Un coup de pub, donc ? Hiddleston s'en défend lors d'un appel du *Hollywood Reporter* alors qu'il est sur le tournage de *Thor : Ragnarok*. « La vérité, c'est que Taylor et moi sommes ensemble et très heureux, merci de votre sollicitude, déclare-t-il au magazine. C'est la vérité, pas un coup de pub. » Le couple, surnommé « HiddleSwift » par les fans, semble effectivement bien réel. Ils font le tour du monde, de l'Angleterre (où elle rencontre la mère de Tom) à Rome en passant par l'Australie, Nashville (où il rencontre les parents de Taylor) et Los Angeles. Pourtant, deux mois après avoir proclamé qu'il « ♥ TS », c'est déjà fini. Hiddleston se confie sur la rupture et cette histoire de tee-shirt en mars 2017 en couverture de *GQ*. « À vrai dire, on s'amusait

« Sa proximité avec la mannequin Karlie Kloss est la seule relation plus suivie que ses histoires d'amour. »

pour la fête nationale et je suis tombé, je me suis fait mal au dos, explique-t-il. Je voulais protéger la plaie du soleil et j'ai demandé si quelqu'un avait un tee-shirt. Un de ses amis m'a dit : "J'ai ça si tu veux..." Et ça nous a beaucoup amusés, c'était une blague. » Taylor a vraisemblablement trouvé ça drôle : cinq mois plus tard, lorsqu'elle dévoile le clip de *Look What You Made Me Do*, tous ses danseurs portent le même tee-shirt « I ♥ TS ». Elle tire ainsi profit de ce regard public acéré en les vendant sur son site Internet 50 dollars pièce.

JUNIOR JEWELS

Dans le clip de *You Belong With Me*, Taylor incarne une lycéenne un peu ringarde qui joue dans la fanfare et qui est amoureuse de son voisin populaire, avec qui elle communique par panneaux interposés depuis les fenêtres de leurs chambres respectives. Une nuit, alors qu'elle pense que ses rideaux sont tirés, il la voit danser et s'égosiller en pyjama et, comme l'indiquent les paroles, en tee-shirt. Mais pas n'importe lequel : il est customisé et affiche « Junior Jewels » en peinture gonflante.

Dans un extrait des coulisses du tournage, Taylor révèle que le vêtement provient de l'uniforme d'une vraie fanfare et appartient à Caitlin Evanson, la violoniste sur sa tournée. Il s'agit d'une relique de ses années lycée, signée par tous les membres de la fanfare, les Junior Jewels. Dès qu'elle le voit, Taylor saute dessus pour habiller son personnage dans *You Belong With Me*, et le reste appartient à l'Histoire.

Durant l'époque « Fearless », les fans reproduisent le tee-shirt à leur goût, et cela devient également un costume d'Halloween répandu. Dix ans plus tard, en 2017, lorsque Taylor met en scène les nombreuses versions d'elle-même dans le clip de *Look What You Made Me Do*, elle recrée ce look iconique, à la seule différence qu'elle inscrit sur le tee-shirt les noms de ses propres amis : Selena Gomez, Ed Sheeran, les mannequins Gigi Hadid, Martha Hunt et Lily Aldridge, Blake Lively, Ryan Reynolds, sa meilleure amie d'enfance Abigail Anderson et les sœurs Haim, Danielle, Este et Alama. L'absence de Karlie Kloss est remarquée.

KAYLOR

Sa proximité avec la mannequin Karlie Kloss est la seule relation plus suivie que ses histoires d'amour. Le duo de blondes aux longues jambes captive le public et se voit surnommé « Kaylor ». Elles interagissent pour la première fois en 2012, quand Taylor repère une photo d'un photoshoot de Karlie pour *Vogue* et s'exclame sur Twitter : « Ça donne envie de faire des cookies avec elle ! » La mannequin répond : « Chez toi ou chez moi ? » Elles se rencontrent enfin l'année suivante au défilé Victoria's Secret, où Taylor chante pendant que Karlie et les autres Anges foulent le podium.

À partir de là, Taylor et Karlie sont inséparables : en session shopping à SoHo, dans les gradins d'un match des Knicks de New York, sur le tapis rouge, aux afterparties, aux cours de cycling et finalement, en couverture de *Vogue* en février 2015. « Taylor Swift et Karlie Kloss ont construit des carrières — et une amitié — de rêve », affiche la une, pour laquelle le duo recrée son road-trip à Big Sur, si populaire sur Instagram en 2013. « Tout le monde nous disait depuis des années qu'il fallait qu'on se rencontre, raconte Taylor. Les coiffeuses et maquilleuses disaient : "Elle ne te rappelle pas Karlie ? Oh là là, elle s'entendrait si bien avec Karlie. Elles se ressemblent tant. Karlie est tellement gentille." » Karlie fait une apparition aux côtés de Taylor dans le clip à gros budget de *Bad Blood* et mène la danse en tant que tueuse à gage du nom de Knockout.

Mais alors que Taylor subit les retombées de son conflit médiatisé avec Kanye West et Kim Kardashian en 2016, Karlie, qui aurait dû soutenir Taylor, déclare au *Sunday Times* que la star de la téléréalité est « une personne formidable », une déclaration qui a selon elle été « mal interprétée ». À la sortie de « Reputation », Karlie se mure dans le silence puis poste une photo d'elle légendée « Swish swish », le titre d'une chanson de Katy Perry qui est considérée comme une pique lancée à Taylor. Lorsque Karlie épouse Joshua Kushner en 2019, Taylor est absente, probablement parce que la mariée a invité Katy et Scooter Braun, qui se trouve être à la fois son manager et celui qui rachète les droits des six premiers albums de son ancienne amie.

Les fans suspectent que plusieurs chansons de « folklore » et d'« evermore » sont dédiées à Karlie, plus particulièrement les titres bonus de ce dernier. En l'occurrence, *it's time to go* est une réflexion sur la fin d'une relation avec une « sœur » et « jumelle », deux mots utilisés par le passé par la mannequin pour décrire Taylor. Pourtant, Karlie est toujours une fan : Internet s'enflamme quand elle assiste au concert The Eras Tour du 9 août 2023 à Los Angeles. Comme par hasard, cette nuit-là, Taylor annonce « 1989 (Taylor's Version) », qui correspond à l'époque Kaylor…

LOVER FEST

Pour son septième album, Taylor annonce un type de tournée différent pour l'été 2020 : dix-sept dates à travers le monde, dont certaines dans des pays où elle n'est jamais passée, jusqu'au bouquet final, Lover Fest West à Los Angeles et Lover Fest East à Foxborough, dans le Massachusetts. Ticketmaster attise la colère des fans, non seulement pour avoir mal géré les préventes (auxquelles les revendeurs ont eu accès), mais aussi pour avoir accidentellement fait fuiter la structure de la scène, avec une plateforme en forme de cœur en son centre. La malédiction de Lover Fest continue avec le Covid-19. En avril, deux mois avant la première date prévue en Belgique, Taylor annonce que la tournée est reportée à 2021. Néanmoins, en février, celle-ci est définitivement annulée au vu des circonstances toujours incertaines. « Je suis très déçue de ne pas pouvoir vous rencontrer comme prévu, déclare Taylor à ses fans. Vous me manquez terriblement, et j'ai hâte que nous puissions nous revoir en concert en toute sécurité. »

Deux ans plus tard, l'heure est enfin venue. Lorsque les billets pour la tournée The Eras Tour sont mis en vente, ceux qui ont été remboursés de leurs tickets Lover Fest peuvent accéder aux préventes exclusives. D'ailleurs, le concert à travers les plus grands hits de Taylor ouvre sur cette époque interrompue : « Lover ». Chaque soir, Taylor débute avec *Miss Americana & The Heartbreak Prince*, puis enchaîne avec *Cruel Summer*, un single de juin 2023, trois ans après la sortie de l'album.

MAPLE LATTES

Aux oubliettes, le *pumpkin spice latte*. Chez Taylor, la boisson phare de l'automne, c'est le latte au sirop d'érable. En 2010, elle commande son café signature (au pur sirop d'érable du Vermont) pendant un rendez-vous galant automnal avec Jake Gyllenhaal chez Gorilla Coffee, dans le quartier Park Slope à Brooklyn. Cela devient un moment historique à cause des clichés pris par la presse du couple bras dessus bras dessous, elle emmitouflée dans un caban noir et une écharpe (non, pas cette écharpe), et lui dans une doudoune Patagonia et avec un bonnet.

Entre la preuve en image de leur relation et un week-end pauvre en scoops, quelque chose d'aussi innocent qu'aller boire un café fait la une. « Taylor Swift & Jake Gyllenhaal partagent un latte au sirop d'érable pour Thanksgiving », rapporte *People*. Une source révèle que le couple était « absolument charmant » et a laissé un pourboire généreux. D'ici le Nouvel An, ils se seront pourtant séparés et tout le monde aura oublié cette histoire — sauf Taylor, bien sûr.

« Red », son « seul vrai album de rupture », sort deux ans après, avec plusieurs chansons inspirées de sa relation avec Jake, notamment *All Too Well*. S'il restait le moindre doute quant à l'identité du sujet de la chanson, Taylor y fait allusion dans les notes du livret du CD, une méthode souvent utilisée pour faire passer des messages à ses fans à ses débuts. Dans les paroles en minuscules se cachent onze lettres majuscules qui forment les mots MAPLE LATTES (lattes au sirop d'érable).

NILS SJÖBERG

Au cours de sa relation avec Taylor en 2016, Calvin Harris sort *This Is What You Came For*, son tube avec Rihanna, coécrit avec le mystérieux et talentueux Nils Sjöberg. Les oreilles aiguisées des Swifties reconnaissent une voix dans le

« Aux oubliettes, le pumpkin spice latte. Chez Taylor, la boisson phare de l'automne, c'est le latte au sirop d'érable. »

prérefrain qui ne ressemble en rien à celle de Rihanna et qui semble plutôt être celle de Taylor. Le couple ne s'exprime pas directement sur les rumeurs, mais Calvin rejette la possibilité de travailler avec sa brillante petite amie lors d'une interview radio avec Ryan Seacrest le 29 avril : « On n'en a jamais vraiment parlé, affirme-t-il. Je n'y crois pas trop cela dit, non. Elle va bientôt faire une longue pause en plus. » Il semblerait que la pause soit plutôt dans leur relation : Taylor est repérée trois jours plus tard en train de danser avec Tom Hiddleston à l'afterparty du Met Gala auquel Calvin Harris n'assiste pas. Et dès le 1er juin, la rupture est officialisée dans un tweet de Calvin partagé par Taylor sur son propre compte : « Nous avons toujours beaucoup d'amour et de respect l'un pour l'autre. »

Mais une fois que la chanteuse confirme qu'elle se cache bien derrière le pseudo Nils Sjöberg, il ne reste pas grand-chose de cet amour et de ce respect. Dans une série de tweets (supprimés depuis), Calvin admet que « Taylor est une incroyable compositrice » et qu'elle chante « un petit peu » sur *This Is What You Came For*, mais rien de plus.

« C'est moi qui ai écrit la musique, produit et travaillé les arrangements sur les instruments et la voix. Elle voulait garder son implication secrète au début, d'où le pseudo. Ce qui est blessant, c'est de constater à quel point Taylor et son équipe tentent de me faire passer pour le méchant de l'histoire. » Un an après, Calvin Harris revient sur ses propos et admet devant le *British GQ* que son emportement sur Twitter était « complètement déplacé. J'essayais de protéger l'intégrité de ce que je considère être mon seul talent. »

En 2020, Taylor se confie enfin sur son pseudonyme Nils Sjöberg, d'après les deux prénoms masculins les plus populaires en Suède, un pays fortement associé à la pop. « Personne n'était au courant pendant un temps, dit-elle à Paul McCartney dans une interview commune pour Rolling Stone. Je crois qu'un pseudo est utile quand on aime ce qu'on fait, mais qu'on ne veut pas que notre travail soit éclipsé par autre chose à cause de ce que les autres peuvent savoir de nous. Dans ce cadre-là, c'est vraiment amusant d'être anonyme et de créer en toute liberté. » Cependant, Nils ne s'arrête pas là. En 2017, le pseudo est crédité à la production d'une reprise de *Look What You Made Me Do* de Jack Leopards & The Dolphin Club, le groupe de rock factice de Taylor avec son frère Austin et Jack Antonoff.

OLD TAYLOR

Si « 1989 » est en quelque sorte une renaissance pour Taylor, « Reputation » est un enterrement. Le premier single de l'album, *Look What You Made Me Do*, la voit chanter sur sa résurrection, un visuel aussi présent dans le clip lorsqu'une version zombie de Taylor s'extirpe de sa tombe qui porte l'épitaphe « Ci-gît la réputation de Taylor Swift ». Plus tard, la « nouvelle » Taylor, toute de noir vêtue, se tient au sommet d'une montagne d'anciennes versions d'elle-même affublées de ses tenues les plus iconiques et qu'elle envoie valser d'un simple revers de la main. Puis la nouvelle Taylor décroche le téléphone et indique à son correspondant que l'ancienne Taylor n'est pas disponible. Pourquoi ? « Parce qu'elle est morte. »

Le message est clair, quoiqu'un peu macabre : c'est une nouvelle ère, et la Taylor Swift « fiancée de l'Amérique » qu'on connaissait jusque-là n'est plus. À la fin du clip, toutes les versions de Taylor s'alignent pour saluer un public imaginaire et s'envoient des piques. Taylor « Junior Jewels » affiche sa surprise face aux applaudissements, ce qui lui vaut le mépris de Taylor « Zombie » et Taylor « Ballerine » (de *Shake It Off*), qui la qualifient d'« agaçante ». Il s'agit d'une critique souvent formulée envers l'ancienne Taylor pour ses réactions lors des soirées de récompenses. Taylor « Fearless » tente de recoller les morceaux, mais voit ses efforts balayés par Taylor « Red », qui lui rétorque « d'arrêter de faire la gentille ».

Au fil des années, Taylor se réconcilie finalement avec toutes ces versions d'elle-même. En 2022, elle dévoile l'Old Taylor Collection, un assortiment de vêtements et d'accessoires associés à « Speak Now » et « 1989 », sur son site Internet. L'année d'après, elle célèbre l'intégralité de son œuvre durant l'Eras Tour.

POLAROID

La couverture de « 1989 », sous forme de polaroid, rend précisément hommage à cette époque. Au départ, « c'était un accident » d'utiliser un instantané, mais lorsque Taylor voit cette image légèrement granuleuse d'elle-même, « je me suis dit : "pourquoi ne pas en faire la couverture ?" » Mais la chanteuse ne s'arrête pas là : elle prend soixante-cinq clichés différents et les insère dans le packaging du CD, avec des paroles tirées de « 1989 » inscrites sur chacun à la main au marqueur noir.

Sans surprise, l'influence de Taylor remet les Polaroids à la mode. Les fans se précipitent pour mettre la main sur l'appareil et le sauvent ainsi des

« On se souviendra du 15 novembre 2022 comme du jour où des millions de gens se sont battus pour obtenir des billets pour l'Eras Tour. »

oubliettes : la société peinait à survivre dans cette ère digitale et avait déposé le bilan cinq ans auparavant. Cependant, après la sortie de « 1989 », Polaroid rapporte un « retour en force » de son produit phare. « Toute cette génération de hipsters adore le côté nostalgique et rétro de notre marque, affirme le directeur de Polaroid, Scott Hardy, à *Digital Spy*. "1989" a contribué à cette croissance et représente la preuve que notre marque est toujours d'actualité et qu'elle attire une population plus jeune. »

Durant l'époque « 1989 », lors de réunions entre amis, Taylor prend souvent des Polaroids, qu'elle poste ensuite sur les réseaux sociaux. Si « Reputation » enterre pour de bon cette habitude, Taylor dépoussière néanmoins son appareil à l'été 2023 pour sa fête du 4 juillet. Peut-être est-ce une allusion à la sortie imminente de « 1989 (Taylor's Version) », dont elle annonce quelques semaines plus tard le réenregistrement. Cela dit, la nouvelle couverture n'est pas un Polaroid.

FILES D'ATTENTE INTERMINABLES

On se souviendra du 15 novembre 2022 comme du jour où des millions de gens se sont battus pour obtenir des billets pour l'Eras Tour, bloqués dans la file d'attente virtuelle sur Ticketmaster. 3,5 millions de fans s'inscrivent sur le site Internet du géant de la billetterie en vue de la prévente, et ils sont 14 millions à l'ouverture de la file d'attente. La demande historique provoque le crash du site et les fans sont « soit carrément éjectés, soit bloqués éternellement dans la file avec plus de 2 000 personnes devant eux. » 2,4 millions de billets sont quand même vendus, battant ainsi le record des plus grosses ventes de tickets en une seule journée. Si Taylor a tout fait pour s'assurer que les billets soient attribués aux vrais fans et non pas aux revendeurs, un grand nombre d'annonces apparaissent toutefois sur des sites de revente. Par conséquent, la vente générale est annulée à cause « de la demande sans précédent et de l'insuffisance du nombre de billets restants ». C'est peu de dire que les fans sont complètement dépités.

Taylor est tout aussi bouleversée par ce fiasco et ne mâche pas ses mots sur l'échec de Ticketmaster : « C'est très difficile pour moi de confier ces relations, et cette fois à une entité externe, et c'est épouvantable de voir ces erreurs arriver sans pouvoir agir, déclare-t-elle sur les réseaux sociaux. Je ne veux pas leur trouver d'excuses parce qu'on a demandé plusieurs fois s'ils étaient capables de gérer ce niveau de demande et on nous a assuré que oui. C'est déjà incroyable que 2,4 millions de personnes aient pu avoir leurs billets, mais je suis profondément agacée qu'il ait fallu se battre à ce point pour les avoir. Si vous n'avez pas eu de billet, je peux seulement vous dire que j'espère pouvoir fournir d'autres opportunités de se rassembler et de chanter en chœur. »

Des semaines plus tard, vingt-six fans intentent un recours collectif contre Ticketmaster et sa société mère LiveNation au motif de fraude, fausse déclaration et infraction au régime antitrust. « Jusqu'à ce que la justice et la transparence prévalent dans la vente de billets dans le domaine du divertissement, la Grande Guerre continuera », proclame Jennifer Kinder, avocate des plaignants, en référence à la chanson du même nom sur « Midnights ». En mars 2023, il y a désormais 300 plaignants, et Ticketmaster tente d'introduire une motion pour imposer l'arbitrage, ce qui obligerait l'accusation à trouver un accord en dehors des tribunaux.

REP ROOM

Depuis le Fearless Tour, Taylor organise des rencontres avec ses fans en coulisses de chaque concert et fournit des boissons et des encas à thème. Elle intitule chaque session de rencontres en fonction de l'album : T-Party Room (« Speak Now »), Club Red (« Red »), Loft 1989 (« 1989 ») et le dernier d'entre eux, Rep Room (« Reputation »). Les fans privilégiés sont sélectionnés avant le concert sur Twitter par Taylor Nation ou bien pendant le concert par Andrea Swift, qui offre des pass pour les coulisses aux fans qui se distinguent dans la foule.

Bien que les téléphones et appareils personnels soient interdits, les fans racontent leur expérience du Rep Room sur les réseaux sociaux. La décoration de la salle est raccord avec l'album avec ses sièges en cuir noir, ses tentures en velours violet et un lustre formé de serpents géants tenant une ampoule dans leurs crochets. Taylor poste un avant-goût sur Instagram avec un poster de Cléopâtre encadré : un clin d'œil aux paroles de ... *Ready For It?*, qui font référence au film de 1963 et à ses acteurs, Richard Burton et Elizabeth Taylor. Un autre accent est mis sur le trône doré du clip de *Look What You Made Me Do*, particulièrement apprécié des fans, qui se ruent dessus pour poser avec la chanteuse. Ils quittent la Rep Room avec un autographe de Taylor en souvenir de ce moment.

La tournée The Eras Tour est la première à ne pas proposer de rencontres ; mais peut-on blâmer Taylor, après 44 chansons et plus de trois heures de spectacle ?

SESSIONS SECRÈTES

Ce serait déjà quelque chose de pouvoir écouter un album de Taylor Swift des semaines avant sa sortie, mais que dire de l'écouter en exclusivité dans le salon même de la star en mangeant les cookies qu'elle a faits pour l'occasion ?! Dans les semaines précédant les sorties de « 1989 », « Reputation » et « Lover », Taylor organise des sessions secrètes d'écoute, des « mini-soirées » chez elle à Los Angeles, New York, Rhode Island et chez sa mère à Nashville. Les fans triés sur le volet ont ainsi l'occasion de découvrir ses nouveautés en avant-première.

Les toutes premières sessions, au printemps 2014, sont tellement secrètes que les 99 fans sélectionnés par Taylor Nation savent seulement qu'ils vont assister à un événement spécial et doivent se rendre en un certain lieu à une certaine heure. « J'ai vu une fille avec une robe à motifs chat et j'ai su qu'on était au bon endroit », plaisante une fan dans un extrait des coulisses sur la chaîne YouTube de Taylor. Alors que le bus transportant les invités VIP roule tranquillement, la caméra se tourne vers Taylor en cuisine, qui leur confectionne elle-même des cookies aux pépites de chocolat et à la noix de coco grillée. Dans une autre scène tournée dans sa résidence de Los Angeles, on la voit observer ses fans dans la cour à travers la fenêtre. « Ils font connaissance, ils sont tout excités, s'émerveille-t-elle. Ils savent que

« L'époque "Lover" était remplie de pastel. »

quelque chose se trame, mais je ne crois pas que ce soit exactement ce qu'ils ont en tête. » Elle leur fait écouter l'intégralité de « 1989 », puis fait passer les plateaux de collations. Nombreux sont les câlins, les caresses à son chat Olivia, les pas de danse et les Polaroid (pour coller à « 1989 ») pour chacun des fans et leur chanteuse préférée.

Quand « Reputation » arrive, trois ans après, ces rendez-vous ne sont plus secrets, mais tout aussi spéciaux. Taylor étend les zones géographiques concernées à Londres, où elle loue une maison pour l'occasion. Los Angeles leur réserve bien des surprises : Jack Antonoff et HAIM sont présents et Taylor dévoile un extrait du clip du second single, *... Ready For It?* À Nashville, Taylor pose avec ses fans devant sa cheminée, avec ses nombreux Grammys en arrière-plan. Dans son manoir de bord de mer à Rhode Island, elle leur offre des accessoires exclusifs de « Reputation », dont des médiators.

L'époque « Lover » était remplie de pastel, aussi, les sessions secrètes de cet album proposent des biscuits en forme de cœur roses, violets et bleus, et des M&Ms customisés. À Nashville, Taylor passe douze heures entières avec ses fans qui viennent de contrées lointaines, comme la Chine ou l'Australie, et n'éteint les lumières qu'à 5 heures du matin. Mais à cause de ces moments de partage, certains détails sur l'album ou la maison de Taylor sont colportés à la presse, comme la marque de bougies qu'elle achète, et la tradition des sessions secrètes s'arrête là.

TUMBLR

Taylor a toujours mis les réseaux sociaux à profit pour communiquer avec son public. Dès 2006, elle fait la promotion de son premier album quotidiennement sur MySpace. Avant la sortie de « 1989 » en 2014, elle bascule sur Tumblr, une plateforme connue pour son microblogging et sa communauté accueillante.

« Ici Taylor. Je m'enferme dans ma chambre et je ne quitte pas cette pièce avant d'avoir trouvé comment utiliser Tumblr, écrit-elle dans son premier billet. Bon, je pourrais bien m'éclipser pour aller chercher de quoi grignoter, mais C'EST TOUT. Je me concentre. J'ai plein de questions, aidez-moi. » Parmi les interrogations formulées aux internautes experts, on trouve : « Est-ce que je suis en train de rebloguer quelque chose ? » et : « Où est-ce que je peux trouver des GIFs? »

Taylor prend le coup de main rapidement et devient une as du microblogging comme les autres milléniaux. Sa tendance à l'autodérision est évidente et elle reblogue notamment des posts de fan, comme le mème « Choisis ton combattant », qui propose de trancher entre « Drunk Taylor » et « Banana Taylor » (tirée d'une vidéo de la chanteuse postopération au laser en 2019 où elle fait une crise parce que la banane qu'elle détache de la grappe n'est pas celle qu'elle voulait).

En 2014, une photo en noir et blanc de Taylor fait le tour d'Internet lorsqu'une utilisatrice affirme qu'il s'agit de sa copine Becky, qui est morte après avoir « sniffé de la marijuana » lors d'une fête. Les fans se ruent pour commenter que c'est en fait Taylor sur la photo, mais le compte humoristique insiste : « Non, c'est Becky. » Ces trois mots se propagent comme un feu de forêt, à tel point que Taylor elle-même leur rend hommage en portant un jour un tee-shirt jaune affichant « Non, c'est Becky. »

Tumblr est aussi un espace où Taylor se sent en sécurité. En 2017, l'année où elle se retire de la vie publique, après « 1989 », Caitlin Buckvold, qui gère un blog de fan avec sa sœur jumelle Megan, confie au *New York Times* qu'elles ont « beaucoup croisé Taylor » et qu'elles « interagissent avec elle tous les jours ». Effectivement, la chanteuse apparaît si souvent sur Tumblr qu'elle inspire le hashtag #Taylurking (#Tayspionne). Cependant, si elle rôde, c'est souvent pour illuminer la journée de ses fans avec une playlist personnalisée ou un bouquet de fleurs.

C'est sur Tumblr que Taylor se confie pour la première fois sur la lutte pour les droits de ses anciens albums dans un post long et vulnérable. En 2019, elle sollicite l'aide des fans lorsque Scott Borchetta et Scooter Braun tentent d'empêcher une performance aux American Music Awards composée de ses plus grands tubes pour célébrer sa nomination en tant qu'artiste de la décennie : « Faites savoir à Scott Borchetta et Scooter Braun ce que vous en pensez, s'il vous plaît, supplie Taylor. Scooter est également le manager de plusieurs artistes qui, je le sais, soutiennent les autres artistes et leur travail. Demandez-leur de l'aide, j'espère qu'ils pourront peut-être raisonner ces hommes qui exercent un contrôle tyrannique sur une artiste qui ne demande qu'à jouer la musique qu'elle a écrit. Je vous aime, et je me disais que vous aimeriez savoir ce qui se passe. »

URBAN LEGENDS

En ce qui concerne les célébrités, même les plus étranges rumeurs vont bon train, et Taylor a toujours été particulièrement visée par les commérages, notamment sur sa vie amoureuse. En vérité, jusqu'à ce que sa rupture avec Joe Alwyn soit annoncée en avril 2023, la rumeur disait qu'ils étaient fiancés, voire déjà secrètement mariés. Pourtant, ce n'est pas là l'histoire la plus absurde qu'on ait racontée sur elle.

En 2017, durant son retrait volontaire de la vie publique, la presse photographie deux de ses gardes du corps portant une valise rigide de son loft à Tribeca jusqu'au coffre d'un véhicule utilitaire garé devant. Selon des témoins, une armada de cinq voitures se ruent devant l'entrée et douze membres de son équipe de sécurité montent la garde pendant le transport du précieux bagage.

L'idée est que Taylor, qui fait 1,80 m, évite les caméras en se glissant dans cette valise : une théorie a priori absurde qui déclenche pourtant une enquête de haut vol. Pour ajouter de l'huile sur le feu de la spéculation, on voit à plusieurs occasions cette même valise portée (et non roulée) entrant et sortant du bâtiment à toute heure du jour et de la nuit. Un jour, elle arrive quelques instants avant la visite de Gigi Hadid, une bonne amie de Taylor.

Bien sûr, Taylor ne s'exprime jamais sur le sujet, mais la théorie se voit confirmée en 2018 par Zayn Malik, son partenaire sur *I Don't Wanna Live Forever* (tirée de la BO de *Cinquante nuances plus sombres*), lors d'une interview pour *British Vogue*. Interrogé sur l'extraordinaire capacité de la popstar à échapper aux paparazzi, il répond sans sourciller : « Elle se déplace à bord d'une valise. »

Cinq ans plus tard, cette rumeur refait surface pour l'Eras Tour : il paraîtrait que Taylor entre et sort discrètement du stade à bord d'un chariot de ménage, avec balais et serpillères apparents. Et ce sont des techniciens

« Il n'y a qu'aux concerts de Taylor Swift qu'on entend la foule hurler quand on aperçoit un chariot d'entretien. »

qui poussent ce chariot bizarrement imposant, non pas des agents d'entretien, et cela se produit au même moment tous les soirs : juste quand *Applause* de Lady Gaga passe dans le stade et signale à la foule le début imminent du spectacle. Quelques jours après le début de ces bruits de couloir, une vidéo diffusée sur TikTok montre Taylor en train de quitter ledit chariot pour se précipiter dans l'escalier des coulisses du stade AT&T à Arlington, au Texas.

La chanteuse perpétue cette tradition malgré sa couverture grillée et cela devient un rite de passage pour les fans de Taylor de repérer l'arrivée du chariot dans le stade, suivi de l'équipe de sécurité et des danseurs. Comme le dit un internaute de SwiftTok : « Il n'y a qu'aux concerts de Taylor Swift qu'on entend la foule hurler quand on aperçoit un chariot d'entretien. »

« VAULT » = KÉZACO?

Taylor est une artiste si prolifique qu'elle a toujours plus de chansons que de place sur ses albums, du moins jusqu'aux réenregistrements. Dans chaque

« Taylor's Version », elle dévoile les trésors que recèle le *vault*, le coffre qui contient sa musique jamais enregistrée. Mais tout d'abord, les fans doivent en déchiffrer le code. Pour les faire patienter jusqu'à la sortie de « Fearless (Taylor's Version) » en avril 2021, la chanteuse dévoile un clip de trente secondes dans lequel on voit un coffre doré dont s'échappent des mots aux lettres mélangées. La voix de Taylor, tout aussi brouillée, les accompagne : « Si vous toquez à sa porte, ce coffre vous prouvera que je suis la plus toquée de tous quand vous aurez regardé cette vidéo, plaisante-t-elle. Bon déchiffrage ! »

Les habitués résolvent l'énigme en trois coups de cuillère à pot : les lettres, mises dans le bon ordre, donnent les titres des six chansons « *From The Vault* » qui concluent l'album, dont les duos avec la superstar de country Maren Morris, *You All Over Me*, et Keith Urban, *That's When,* qui grimpe immédiatement à la deuxième place du Hot Country Songs de Billboard, est supposément dédiée à son ex, Joe Jonas. Pour preuve irréfutable, les paroles font allusion à quelqu'un qui lui a menti « en la regardant droit dans les yeux », une référence quasi identique à celle qui figure dans *Forever & Always*, aussi dédiée au chanteur des Jonas Brothers.

Quelques-unes des chansons du *vault* ne sont pas inédites pour les plus grands fans. Deux des huit titres « *From The Vault* » de « Red (Taylor's Version) » sont des chansons qui n'ont pas été retenues pour « Red » et que Taylor a offerts à d'autres artistes country : *Babe*, enregistrée par le duo texan Sugarland et sur laquelle Taylor prête sa voix, et *Better Man*, qui a valu à Little Big Town son Grammy de 2018. D'autres « *From The Vault* » sont accompagnées d'un visuel : *All Too Well (10 Minute Version)* est un court-métrage dans lequel Sadie Sink et Dylan O'Brien incarnent les protagonistes de cette ballade de rupture, Taylor et Jake Gyllenhaal. Taylor écrit, réalise, produit et fait une apparition dans le court-métrage, qui est même diffusé momentanément au cinéma aux États-Unis. Cependant, *I Bet You Think About Me*, qui met en scène le mariage de son ex incarné par Miles Teller (dont l'épouse dans la vraie vie, Keleigh Sperry, joue sa fiancée dans le clip), est réalisé par son amie proche, Blake Lively.

Les fans n'ont pas besoin de se creuser la tête pour les chansons « *From The Vault* » de « Speak Now (Taylor's Version) », Taylor annonce les titres en même temps que ses collaborateurs : Hayley Williams, de Paramore, sur *Castles Crumbling*, et Fall Out Boy sur *Electric Touch*. Elle explique son choix d'invités sur l'album en révélant qu'ils étaient « les artistes qui ont le plus influencé mon travail de composition à l'époque ».

Les chansons « *From The Vault* » les plus attendues sont sûrement celles de « 1989 (Taylor's Version) », au nombre de cinq. Les chansons inédites sont « tellement dingues, s'exclame Taylor, que je n'arrive pas à croire qu'on les a laissées de côté. » Une en particulier (dont les sonorités rappellent *Midnights*) sort du lot : *Slut!* Cette chansonnette rêveuse évoque l'obsession des médias pour la vie amoureuse de Taylor, alors très jeune et célibataire, tandis qu'elle n'a d'yeux que pour une personne. Il s'agit du premier réenregistrement sans le moindre duo. Néanmoins, Diane Warren, extraordinaire compositrice à qui l'on doit certains tubes de Céline Dion, Cher et Aerosmith, collabore avec une Taylor « émerveillée » sur l'écriture de *Say Don't Go*. L'exclusion du titre à l'époque fut bien sûr une déception pour Warren : « Je suis ravie que ce titre voie enfin la lumière du jour, malgré le temps que ça a pris, déclare-t-elle à *Rolling Stone*. Ça valait le coup d'attendre. »

WILLIAM BOWERY

Les initiés ne savent que trop bien que Taylor aime se cacher derrière un pseudo, tout particulièrement quand elle ne veut pas révéler son implication dans un projet top secret. De fait, lorsqu'un nom inconnu, William Bowery, apparaît deux fois dans les crédits de « folklore », les fans suspectent qu'il y a anguille sous roche. Qui peut bien être le mystérieux co-auteur d'*exile* et de *betty* ? Il s'agit en vérité de Joe Alwyn, le petit ami de Taylor de l'époque, dont le pseudo s'inspire du nom de son grand-père, le compositeur William Alwyn, et du quartier de New York où l'acteur britannique a passé le plus clair de son temps à son arrivée aux États-Unis. « On dirait presque un personnage d'Agatha Christie qui porterait un monocle et une moustache fournie », plaisante-t-il durant une interview en 2022 au *Kelly Clarkson Show*.

Taylor confirme tous les soupçons en 2020 lorsqu'elle parle d'*exile* dans son film-concert spécial, *Folklore : The Long Pond Studio Sessions*, pour Disney+ : « Il y a eu beaucoup de débats sur l'identité de William Bowery parce qu'il n'existe pas vraiment, déclare-t-elle à ses collaborateurs Jack Antonoff et Aaron Dessner. William Bowery est en réalité Joe, comme on le sait. » Taylor décrit par la suite la genèse de leur relation professionnelle : un jour, pendant le confinement, elle entend Joe chantonner en jouant du piano et s'émerveille sur ce qui deviendra le premier couplet d'*exile*, un duo entre Taylor et Bon Iver (de son vrai nom Justin Vernon). Pareillement, elle est immédiatement séduite par le « refrain très abouti » de *betty* quand elle surprend Joe en train de le chanter. « J'ai trouvé que ça sonnait très bien avec une voix et une perspective d'homme, et ça me plaisait beaucoup que ça ressemble à des excuses. »

C'est la première fois en trois ans de relation qu'ils composent ensemble, mais pas la dernière. Moins de cinq mois après « folklore » sort « evermore », qui crédite William Bowery sur trois chansons. L'année d'après, en mars 2020, l'acteur reçoit un Grammy lorsque « folklore » est sacré album de l'année. Le couple collabore une dernière fois sur « Midnights » en 2022 avec *Sweet Nothing*, une ballade traitant des nuances d'une relation entre deux âmes créatives, où l'un entend l'autre fredonner dans la cuisine par hasard ou composer un poème sur le trajet de la maison. Taylor interprète cette chanson en live pour la première fois le 24 août 2023 à Mexico City, quatre mois après leur rupture, mais elle ne fait pas de commentaire durant son discours à la foule. Il est intéressant de noter que la deuxième chanson de ce set acoustique est *I Forgot That You Existed*.

XMAS

Les plus tendres souvenirs d'enfance de Taylor ont trait à la ferme de sapins de Noël dans laquelle elle a grandi en Pennsylvanie, dont l'importance est telle que la chanteuse lui dédie une chanson en décembre 2019 : « Nous voilà à ladite ferme de sapins de Noël », légende-t-elle une photo d'elle bébé avec sa mère, Andrea, et son père, Scott, vêtus de pulls rouges (ainsi que leur chien avec son collier assorti).

Cinq ans plus tôt, elle avait montré son esprit festif en jouant les Père Noël pour des dizaines de fans à travers le monde. Elle a fait tout d'abord une apparition discrète en glissant un émoji Père Noël en commentaire sur leurs réseaux sociaux (ce qui provoqua le hashtag #Tayspionne ou #Taylurking en anglais), puis leur a envoyé des cadeaux qu'elle avait choisis et emballés elle-même. Les fans ont célébré ce Noël spécial Swiftie en postant des vidéos d'eux éberlués en train d'ouvrir leurs cadeaux en pleurant de joie : vêtements, bijoux, peluches, cartes cadeaux, friandises (ses préférées) et cartes de vœux manuscrites. « Personne dans l'industrie musicale n'a le cœur sur la main comme elle, déclara Rebecca Cox, dont le colis pesait pas moins de quatorze kilos, à Billboard. Ça se voit qu'elle a tout emballé elle-même. Elle utilise une montagne de scotch. »

YOUTUBE

Il y a bien des plateformes sur lesquelles on peut nourrir son addiction à Taylor Swift, mais YouTube offre une expérience multimédia où Taylor détient

« Vous voulez savoir à quoi ressemble un rendez-vous chez l'orthodontiste pour Taylor Swift ? »

l'un des plus grands nombres d'abonnés, avec 56 millions à ce jour. Dans les quelque 225 vidéos sur sa chaîne, on trouve des clips, des vidéos avec paroles, des vlogs, des « shorts », des événements en live et des extraits de coulisses, le tout organisé en playlists par album pour simplifier la navigation.

L'intégralité des quelque 60 clips de Taylor sont disponibles sur YouTube, avec *Shake It Off* (2014) et *Blank Space* (2014) au coude à coude dans le nombre de vues : 33 milliards chacune. *Bad Blood* (2015) arrive en troisième place, avec 1,5 milliards de vues. Son clip le moins regardé est celui de *Christmas Tree Farm*, un montage de vidéos d'enfance pour la promotion de son single de fin d'année en 2019.

La chaîne de Taylor, créée en 2008, un peu avant la sortie de « Fearless », regorge de trésors iconiques. Vous voulez savoir à quoi ressemble un rendez-vous chez l'orthodontiste pour Taylor Swift ? Vous pouvez la voir prendre des empreintes pour un appareil de rétention d'urgence après avoir oublié son appareil habituel dans une chambre d'hôtel en tournée. On y trouve aussi des instructions d'utilisation pour nouer les bracelets « Love Love Love » vendus à l'époque sur son site.

ZOË KRAVITZ

Taylor a parfois collaboré avec des amis ou petits amis par le passé, mais rarement avec ses amies, du moins jusqu'à « Midnights » en 2022. Zoë Kravitz coécrit et prête sa voix au chœur sur la première chanson de l'album, *Lavender Haze*, ainsi que sur *Glitch* dans l'édition 3 am. Le talent musical coule après tout dans les veines de l'actrice : son père, Lenny Kravitz, est une légende du rock maintes fois récompensée ; sa mère, Lisa Bonnet, a écrit plusieurs chansons pour lui au cours de leurs six ans de mariage et son grand-père maternel, Allen Bonnet, est un chanteur d'opéra.

Zoë a relaté à *GQ* la genèse de leur collaboration sur « Midnights », qui a commencé deux ans avant la sortie de l'album, en pleine pandémie. Elle était en Angleterre pour le tournage de *The Batman* de Matt Reeves, où Taylor se confinait avec Joe Alwyn : « Elle faisait partie de ma bulle. Elle a été essentielle à mon expérience londonienne, elle était là pour moi, elle cuisinait pour moi, elle m'a organisé un dîner d'anniversaire. » Et Taylor a chanté à son tour les louanges de son amie dans un email au magazine : « Zoë sait qui elle est, c'est ce qui fait d'elle une artiste si passionnante et une amie si précieuse. Son compas moral est infaillible, et du coup, elle mène sa vie et sa carrière sans jamais se compromettre. »

Plus tard, Zoë dévoila cette partie d'elle au grand public. L'actrice, qui a fait partie du duo R&B électro pop Lolawolf jusqu'en 2020, était en train d'enregistrer son premier album solo avec le producteur attitré de Taylor, Jack Antonoff. « C'est un album personnel, traitant d'amour et d'au revoir, confia-t-elle au magazine *AnOther* en 2021. Je me suis mariée, j'ai divorcé. Les séparations, les ruptures, c'est triste mais c'est très beau aussi. C'est le côté doux-amer de ce début et de cette fin. Cette période est si complexe, entre la dévastation et le deuil d'une part, et l'anticipation de ce qui nous attend d'autre part. »

#13ANSDETAYLOR

Alors que l'ère de son premier album touche à sa fin, Taylor regarde à l'horizon et tente de rester réaliste quant à son futur d'artiste. « J'espère juste avoir un deuxième album qui soit aussi bien reçu que le premier et être un jour en tête d'affiche sans changer qui je suis. » Il va sans dire qu'elle a atteint ses deux objectifs.

En 2019, tandis qu'elle célèbre #13ansdeTaylor (d'après son chiffre porte-bonheur), elle remercie ses fans d'avoir réalisé ses rêves : « Voir tous vos messages aujourd'hui m'émeut beaucoup, écrit-elle sur ses réseaux. Grâce à vous, il y a eu un deuxième album, puis un troisième, un quatrième, un cinquième, un sixième et un septième. Vous avez fait de moi une star parce que vous vouliez me voir chanter, et c'est votre soutien qui m'a aidée à rester fidèle à moi-même toutes ces années. »

BLIND FOR LOVE
Stream Co
TS
REPUTATION

« EASTER EGGS »

Les « Easter Eggs » sont ainsi nommés en référence à la tradition de la chasse aux œufs décorés par les enfants à Pâques. En 1979, le terme est redéfini comme un message caché dans une œuvre par son créateur et utilisé pour décrire un secret dans *Adventure*, le jeu vidéo d'Atari. Depuis, le Marvel Cinematic Universe s'en est emparé, sous forme d'objet comme de texte, pour donner des indices sur les futures intrigues. Mais lorsque Taylor sort son clip *Look What You Made Me Do* en 2017, rempli de clins d'œil à toute sa carrière, elle s'approprie pour de bon les Easter Eggs, qui n'ont alors plus rien à voir avec le lapin de Pâques.

À VOS MARQUES

Bien avant que les Easter Eggs ne fassent officiellement partie de son univers, Taylor commence à cacher des messages secrets dans les notes des livrets de ses premiers albums, avec certaines lettres en majuscules pour composer un mot ou une phrase en rapport avec la chanson en question. En 2006, elle conseille à ses fans « DATE NICE BOYS » (« Sors avec de gentils garçons ») dans *Picture to Burn* qui traite d'un ex infidèle. Elle inscrit le mantra « SOMEDAY I'LL FIND THIS » (« Un jour, j'aurai ça aussi ») dans *Love Story* sur « Fearless ». Deux ans après, Taylor se plaint de la vie d'adulte sur « Speak Now » et confie qu'elle a « MOVED OUT IN JULY » (« déménagé en juillet ») dans son propre studio à Nashville. Sur « Red », 22 fait la part belle à ses amies proches, dont elle encode les noms : « ASHLEY DIANNA CLAIRE SELENA », respectivement Ashley Avignone, Dianna Agron, Claire Kislinger et Selena Gomez.

« 1989 » est le dernier album à contenir un message secret dans les notes du livret. La première chanson, *Welcome To New York*, indique au lecteur que « l'histoire commence à New York » et se poursuit quand « une fille connue de tous » tente de réparer son cœur brisé alors que son ex va et vient dans sa vie. Dans *Clean*, Taylor déclare : « Elle l'a peut-être perdu, mais elle s'est trouvée en chemin et ça compte plus que tout. »

MEILLEURS ENNEMIS

La période des Easter Eggs débute officiellement en 2017 avec le clip du premier single de « Reputation », *Look What You Made Me Do*. Dès son apparition à l'écran en zombie qui s'extirpe de sa tombe, on repère un clin d'œil dans sa tenue : elle porte la même robe bleue que dans *Out Of The Woods*, à l'époque de « l'ancienne Taylor ». Dans sa nouvelle incarnation, elle prend pour emblème le serpent, en référence à l'émoji qui a envahi ses réseaux sociaux à la suite de l'extrait de conversation téléphonique avec Kanye édité et diffusé par Kim Kardashian.

On la voit sur un trône, assiégée par des serpents dont l'un lui sert même une tasse de thé. Sa main manucurée repose sur un crâne doré avec l'inscription suivante : « ET TU BRUTE », le célèbre vers de *Jules César* de Shakespeare, où l'empereur romain réalise qu'il a été trahi par son ami Brutus. Le traître ici est vraisemblablement Kanye, initiateur du hashtag #TaylorSwiftIsOver, qui a mené au retrait public de Taylor jusqu'à « Reputation ».

Son septième album est le seul jusque-là à ne bénéficier d'aucune promotion. Elle communique cependant avec les fans via ses clips, *Look What You Made Me Do* tout particulièrement. « Tout le clip n'est qu'un grand clin d'œil, confie-t-elle à Entertainment Weekly en 2019. Il y a des milliers d'Easter Eggs, dont certains n'ont toujours pas été trouvés. »

Alors qu'elle referme la porte sur son passé, elle évoque également son avenir à la fin du clip. Les quatorze versions de Taylor, anciennes et nouvelles, côte à côte dans le hangar, laissent présager l'Eras Tour six ans à l'avance.

SAVE THE DATE

Parmi les produits associés à « Reputation », on trouve un calendrier de l'année 2019 avec un jour marqué à la cire : le 13 avril. Comme on peut s'y attendre, les fans enquêtent frénétiquement sur les allées et venues de Taylor en attendant une annonce. Un indice passe pourtant entre les mailles du filet. Le concert-film *Reputation Tour* est diffusé sur Netflix au Nouvel An dans l'excitation générale et le compte officiel @TaylorNation13 choisit de répondre à l'un des milliers de tweets qui complimente la tenue de scène arc-en-ciel en sequins de Taylor.

Ce tweet du 1er janvier épuise les 280 caractères autorisés, avec des émojis arc-en-ciel et un commentaire : « 2019 big mood ». Personne ne fait le lien jusqu'au 13 avril, où une horloge avec un décompte jusqu'au 26 avril s'affiche sur le site internet de Taylor – 115 jours après le tweet du 1er janvier, avec ses

115 émojis arc-en-ciel. Le clip de *ME!* sort à minuit dans une explosion de pastel qui illustre son nouvel album.

UN BOUQUET DE RÉFÉRENCES

En 2019, Taylor dévoile le premier single sans divulguer la moindre autre information sur l'album. Cependant, les yeux aiguisés qui décryptent le clip de *ME!* repèrent le titre au néon en arrière-plan du paysage de la ville : *Lover*. En vérité, la vidéo entière grouille de clins d'œil et d'indices sur le septième album de la chanteuse. La séquence d'ouverture révèle le titre du deuxième single : alors que Taylor se dispute avec son petit ami (incarné à l'écran par son partenaire de duo Brendon Urie), celui-ci réplique : « *You need to calm down* » (« Tu dois te calmer »). Le mur derrière lui est décoré de douze portraits de poussins « cool », avec des lunettes de soleil (« *cool chicks* »), et d'un grand portrait de The Chicks, qui prêtent leur voix au titre *Soon You'll Get Better* (douzième chanson de l'album).

« Bon, il y a pas mal d'Easter Eggs dans ce clip », admet Taylor dans une session Q&A sur YouTube quelques heures avant sa sortie. Elle fait ensuite une brève apparition sur Instagram pour semer quelques indices de plus. « Peut-être que si vous comptez les valises qui tournent autour de ma tête dans la scène des valises, peut-être que si vous comptez les nuages dans la scène de l'orage dans le hall d'entrée… » Il y a sept valises et treize nuages, ce qui persuade les fans que quelque chose se passera le 13 juillet. Il s'agit en fait de son septième album en treize ans de carrière.

Les fans regardent le clip de *ME!* en boucle pour trouver tous les Easter Eggs, à tel point qu'il devient le plus vu en vingt-quatre heures sur YouTube, avec 65,2 millions de vues.

DES SIGNES ENTRE LES LIGNES

On ne trouve pas ces clins d'œil que dans la musique de Taylor ; au fil des ans, elle sème également quelques indices lors d'interviews pour la presse. Par exemple, elle évoque son partenaire sur *ME!* deux mois avant la sortie du clip dans un article pour *Elle* où elle explique que la musique peut conjurer des souvenirs oubliés : « Quand j'écoute *I Write Sins Not Tragedies* de Panic! at the Disco, j'ai de nouveau seize ans au volant de ma voiture à Hendersonville, dans le Tennessee, et on chante les paroles à tue-tête avec ma meilleure amie Abigail », déclare-t-elle en février 2019.

Trois mois plus tard, elle revient sur son Easter Egg lié à Brendon Urie dans *Entertainment Weekly* et donne pas mal d'indices supplémentaires avec son photoshoot de couverture : les badges sur sa veste sont tous des Easter Eggs. La plupart font référence à « Lover » et d'autres clins d'œil sont même glissés dans les explications de leur signification. Taylor justifie le badge à l'effigie de Drake en disant qu'il est un de ses paroliers préférés, surtout pour ses bons mots, mais elle se garde bien de révéler qu'elle le mentionne dans *I Forgot That You Existed*. Ses badges de personnages de *Game of Thrones* soulignent son amour de la série, mais celui d'Arya Stark est juste au-dessus du badge « chanson n° 5 », qui correspond à *The Archer* sur « Lover » – et il se trouve qu'Arya est experte en tir à l'arc. Les acteurs de *Friends* ont aussi leurs badges, peut-être en allusion à *It's Nice to Have a Friend*.

L'histoire se répète deux mois avant l'annonce de « The Tortured Poets Department ». Quand Taylor est sacrée personnalité de l'année par le magazine *Time* en 2023, le titre de l'article la qualifie de « poète lauréate de la pop culture ».

IL SE PASSE PLEIN DE CHOSES EN CE MOMENT

Au bout d'un mois de confinement dû au coronavirus en 2020, Taylor poste un selfie sur ses réseaux sociaux avec une légende très à propos : « Il ne se passe pas grand-chose en ce moment », une phrase qui figurait déjà sur un tee-shirt qu'elle portait dans le clip de *22*.

On sait aujourd'hui qu'en vérité, il se passait pas mal de choses, puisque Taylor travaillait sur « folklore ». Cinq mois plus tard, Taylor poste une autre photo avec l'air de s'ennuyer et la même légende. Bien sûr, « evermore » suit le même chemin que « folklore » : il sort deux jours avant le trente et unième anniversaire de Taylor, et sa couverture y fait référence, avec les 31 entrelacements dans sa tresse.

DES INDICES À CODE COULEUR

Taylor intègre un nombre « complètement dément » d'Easter Eggs dans le clip de *Bejeweled*, à tel point qu'elle doit les répertorier dans un fichier PDF. Au bout de quinze secondes, on peut entendre un extrait instrumental de *Enchanted* en arrière-plan d'une scène rappelant *Cendrillon*, ce qui persuade les fans que « Speak Now » est le prochain réenregistrement prévu.

Dans ce clip, Taylor entre dans un ascenseur à treize boutons – pas seulement parce qu'il s'agit de son chiffre porte-bonheur, mais aussi parce que cet éventail de couleurs correspond à ses différents albums. Elle sort au troisième étage, qui symbolise « Speak Now » en violet, puis au cinquième, qui correspond à « 1989 » avec son bleu clair. Enfin, elle monte directement au treizième étage, également violet, qui indique « Speak Now (Taylor's Version) ». Les fans ont raison : c'est le troisième réenregistrement à sortir en juillet 2023 et son treizième album. « 1989 (Taylor's Version) » suit trois mois plus tard.

09/08 = « 1989 (TAYLOR'S VERSION) » ?

Depuis l'annonce de Taylor au sujet de ses projets de réenregistrement, « 1989 » est attendu avec impatience par les fans. Une fois « Fearless », « Red » et « Speak Now » sortis, les réseaux sociaux s'agitent à l'approche du 9 août 2023. Il s'agit de la dernière date de l'Eras Tour aux États-Unis, qui pourrait bien voir annoncer « 1989 (Taylor's Version) ».

Les fans férus de maths font les calculs : ça fera 3 208 jours que « 1989 » est sorti et 3 + 2 + 8 + 8 = 13, le chiffre porte-bonheur de Taylor. Cela peut sembler un peu absurde, jusqu'à ce que le compte officiel Taylor Nation publie un post qui encapsule l'expérience de la tournée jusque-là. « 53 dates, 20 villes, 10 albums, 5 mois, et 1 chose est sûre… » : additionnés, ces chiffres égalent 89. Pour ajouter au mystère, Taylor Nation ajoute que la tournée a « laissé une empreinte permanente », une référence à *This Love*, sur « 1989 ».

À la fin du concert à Los Angeles le 8 août, donc la veille du 9, tous les bracelets distribués aux fans au stade So-Fi diffusent une lumière bleue, la couleur associée à « 1989 » (voir la théorie de la couleur chez Taylor, page 149), alors que la lumière était multicolore auparavant. Le lendemain, Taylor revisite ses dix albums vêtue de variantes bleues de ses costumes habituels ; elle arbore aussi pour « Speak Now » une toute nouvelle robe de bal, qui n'est plus violette, pour symboliser la fin de l'époque « Speak Now (Taylor's Version) » sorti le 7 juillet.

Taylor crache finalement le morceau durant la partie acoustique du concert : « J'ai prévu quelque chose depuis très, très, très, vraiment très longtemps, c'en est presque embarrassant », confesse-t-elle à la foule en délire, qui sait exactement ce qui va suivre. La couverture de « 1989 (Taylor's Version) » apparaît alors sur l'écran géant.

Diary

THÉRAPIE MUSICALE

Quoi que vous ressentiez, il y a de fortes chances qu'il existe une chanson de Taylor Swift pour vous accompagner. Pour certains fans, la chanteuse représente la meilleure amie qu'ils n'ont jamais rencontrée. Elle les comprend parce qu'elle est passée par là aussi et elle offre son soutien à travers les paroles de ses chansons ou ses prises de parole publiques. Sa discographie fournit tout ce qu'il faut pour se changer les idées ou broyer du noir. Pas étonnant qu'elle soit la voix de toute une génération !

L'AMOUR EST PRÉCIEUX, MÊME À SENS UNIQUE

Même Taylor Swift a aimé sans qu'on l'aime en retour. Elle a été reléguée au rang d'amie (*Hey Stephen*), a eu un coup de cœur pour quelqu'un qui n'était pas libre (*You Belong With Me*) et a tout simplement rencontré la bonne personne au mauvais moment (*Enchanted*). Cependant, le fait qu'on ne nous rende pas notre amour n'invalide pas notre ressenti, comme elle l'explique à une jeune fan qui sollicite ses conseils sur Instagram à l'époque de « 1989 ». L'amour à sens unique « est tout aussi excitant et dévastateur », dit-elle.

COMMENT GUÉRIR D'UNE PEINE DE CŒUR

Si Taylor écrit beaucoup sur l'amour trouvé et perdu, elle a aussi plusieurs chansons sur la recherche de l'âme sœur en dépit de l'adversité. La plus évidente est *Begin Again*, qui traite de la vulnérabilité d'un premier rendez-vous après une rupture douloureuse. « Même quand [une relation] vole en éclats et s'effondre et te laisse hébété au milieu des ruines, tu te demandes : "Pourquoi j'ai rencontré cette personne, pourquoi est-ce que c'est arrivé ?", déclare-t-elle au *Marie Claire* britannique. Mais plus tard, tu croises le regard de quelqu'un et tout se met en place, et hop, tu tombes amoureuse de nouveau. »

HATERS GONNA HATE

Quatre ans après *Mean*, née d'une « sensation de semi-défaite », Taylor réalise la portée de son pouvoir avec *Shake It Off*, le premier single de « 1989 », et espère que ses fans suivront son exemple. « Je voulais exprimer ce truc de "Ok, ça t'agace que je sois moi-même. Tu vas me casser du sucre sur le dos parce que je suis moi-même, tu vas faire des commérages parce que je suis moi-même. Je vais juste être encore plus moi-même" », explique-t-elle durant l'émission britannique Chatty Man.

IL FAUT ALLER DE L'AVANT

La dernière étape du deuil dans la rupture, c'est l'acceptation. Taylor révèle son processus de guérison dans plusieurs chansons, dont *Cold As You* sur son premier album. Au fur et à mesure qu'elle grandit, ce processus évolue. Dans *Clean* (« 1989 »), elle compare la rupture à une addiction qui la ronge et dans la toute première chanson de « Lover », elle a « tout simplement oublié son existence ».

En 2022, Taylor reçoit un doctorat honorifique de l'université de New York et elle intègre dans son discours quelques sages conseils pour sa promotion : « Savoir à quoi s'accrocher et quoi laisser de côté fait partie du passage à la vie d'adulte et à l'écriture de nouveaux chapitres dans ta vie. Il est impossible de tout garder : les rancœurs, la nouvelle vie de ton ex, le succès du tyran de ton ancienne école avec le fonds spéculatif que son oncle lui a ouvert… Il faut décider ce qui te sert et te débarrasser du reste. Les bonnes choses dans ta vie pèsent souvent moins lourd de toute manière, il y a donc plus de place pour elles. Une seule relation toxique peut complètement écraser tant de joies merveilleusement simples. Tu as la possibilité de choisir à quoi dédier ton temps et ton énergie. Choisis bien. »

N'HÉSITE PAS À DEMANDER PARDON

Personne n'est parfait, mais c'est la manière dont on gère nos erreurs qui fait toute la différence. Taylor est si déçue de la façon dont elle a traité sa rupture avec Taylor Lautner en 2009 qu'elle lui dédie une chanson où elle lui demande pardon, *Back to December*, en imaginant ce qu'elle ferait différemment si elle en avait l'opportunité. Lautner a accepté ses excuses et ils sont en excellents termes aujourd'hui encore. Taylor l'a d'ailleurs embauché pour son clip *I Can See You* en 2023.

NE PRENDS PERSONNE POUR ACQUIS

En tant que fans de la première heure, les parents de Taylor ont souvent été mentionnés dans ses chansons, à commencer par *The Best Day* qu'elle écrit à propos d'un moment passé avec sa mère Andrea après une dure journée au collège.

Dans son discours de remise des diplômes à l'université de New York, Taylor rappelle à la promotion 2022 que des sacrifices ont été faits pour qu'ils puissent réaliser leurs rêves. « Personne ici n'y est arrivé tout seul. Nous sommes la somme de tous ceux qui nous ont aimés, qui ont cru en notre potentiel, qui nous ont manifesté de la gentillesse et de la compassion, qui ont été honnêtes avec nous, même quand la vérité était dure à entendre, et qui nous ont répété qu'on pouvait y arriver, alors que rien n'était moins sûr. Quelqu'un nous a lu des histoires, nous a appris à rêver et nous a fourni un code moral à suivre. Quelqu'un a essayé de toutes ses forces d'expliquer à l'enfant qu'on était tous les concepts de ce monde incroyablement compliqué, tandis qu'on demandait : "C'est comment sur la Lune ?" et : "Pourquoi on peut manger de la salade mais pas de l'herbe ?" Et peut-être qu'ils n'ont pas été parfaits, mais personne ne l'est jamais. »

AIME-TOI TOI-MÊME

Malgré son succès, Taylor reste sujette au doute. Dans *The Man*, elle se demande à quel point sa féminité impacte la manière dont ses mots et ses actions sont perçus par le public. *Anti-Hero* touche à son sentiment d'insécurité et à son impression d'être sa pire ennemie par moments. Il y a des années, Taylor avait conseillé une fan qui manquait de confiance en elle : « Douter de soi, c'est entrer dans une spirale infernale dont il est très difficile de sortir, on ne sait jamais si on va voir la lumière au bout du tunnel, commentait-elle sur Instagram. Il faut savoir s'accorder un peu de compassion. »

NE LAISSE PAS LA PEUR TE PARALYSER

Dans l'article « 30 choses que j'ai apprises avant d'avoir 30 ans » qu'elle écrit pour *Elle*, Taylor revient sur sa plus grande inquiétude au point n° 7 : garantir la sécurité des fans lors de ses concerts, suite aux tragédies de Manchester et Las Vegas. « J'essaie tous les jours de me dire qu'il y a du bon dans ce monde, de continuer à avoir foi en l'humanité et de me rappeler de tout l'amour dont je suis témoin au quotidien. Il faut vivre avec courage pour se sentir véritablement vivant et ça implique de dépasser ses peurs. » (Après tout, elle a un album appelé « Fearless ».)

LES AMITIÉS VONT ET VIENNENT

Dans son article pour *Elle* en 2019, Taylor souligne aussi l'importance de « savoir faire la différence entre les vraies amitiés et les amitiés circonstancielles ». Elle témoigne qu'il « y a quelque chose dans la vingtaine qui rapproche les gens au point de les considérer comme sa deuxième famille, et peut-être que ce sera vrai pour le restant de ta vie. Ou peut-être qu'ils seront là à un moment crucial, mais pas pour toujours. C'est triste, mais parfois on grandit et les relations s'estompent. Même si certaines amitiés ne durent pas, on les garde en mémoire à vie. »

LES ERREURS SONT INÉVITABLES

Dans son discours de remerciements pour son Icon Award aux Teen Choice Awards de 2019, elle offre un peu de réconfort à quiconque souffrirait de perfectionnisme : « La chose que j'aurais aimé savoir en étant adolescente, c'est qu'on fait inévitablement des erreurs. Je veux que tu saches qu'où que tu sois, si tu t'en veux parce que tu as fait quelque chose que tu regrettes, c'est normal. Ça arrive à tout le monde, personne n'y échappe. On aimerait tous pouvoir revenir en arrière par moments. Ne sois pas trop dur avec toi-même et fais entendre ta voix, s'il te plaît. »

13

THÈMES PRÉDOMINANTS

Avec plus de deux cents chansons à son actif, Taylor offre bien évidemment un large éventail de parallèles, clins d'œil et références à décrypter dans les visuels et la symbolique de ses chansons. Chaque album en regorge, qu'il s'agisse de mentions de ses endroits préférés, de métaphores voilées sur les tourments amoureux ou de petits détails qui traduisent une histoire universelle. Entre dans un monde nouveau et (re) découvre les renouveaux sacrés, les jardins de souvenirs et les fins dignes de contes de fées.

LA ROYAUTÉ

Des éléments de contes de fées sont souvent présents dans la musique de Taylor à ses débuts et évoluent en symbolisme au fil des années, jusqu'à *King of My Heart* et *Heartbreak Prince*, en passant par des châteaux qui s'effondrent, des royaumes qui se défont, des couronnes volées et, bien sûr, la reine *Karma*.

« Fearless » est le premier chapitre de l'anthologie mythique de Taylor, avec *White Horse*, *Love Story* (dont le clip est digne de la Renaissance) et *Today Was a Fairytale*, inclus dans la bande-son de *Valentine's Day*, comédie romantique des années 2010 dans laquelle Taylor fait ses débuts d'actrice. Dans une interview pour *CMT*, elle explique la présence sur son second album du thème d'ordinaire réservé aux histoires pour enfants : « Je suis complètement fascinée par les différences et les comparaisons qu'on peut faire entre la vraie vie et les contes de fées, parce qu'on apprend aux petites filles qu'elles sont des princesses et qu'un jour, le prince charmant viendra les sauver et ils galoperont vers l'horizon sur un cheval blanc... Il y a différents types de contes de fées, certains auxquels je crois et d'autres pas du tout. »

Roméo et Juliette lui plaît tout particulièrement, quoi qu'il ne s'agisse pas d'un conte de fées mais d'une romance de fiction. Dans la pièce de Shakespeare, les amants maudits de familles rivales préfèrent mettre fin à leurs jours plutôt que de se séparer. Mais dans la version de Taylor, *Love Story*, ils vivent heureux pour toujours. À l'approche du prérefrain, Roméo met un genou à terre, sort une bague et demande à Juliette de l'épouser (*spoiler* : elle dit oui !). « Ils s'aiment envers et contre tout, déclare Taylor à *CMT* à propos des protagonistes de son tube de 2008. J'ai offert à mes personnages préférés la fin qu'ils méritent. »

LES PORTES BATTANTES

Symboliquement, la porte représente plutôt la transition, en fonction de sa position. Taylor parle de portes ouvertes et accueillantes (*How You Get the*

Girl), mais aussi de portes qu'on claque et qui se referment (*The Other Side of the Door*). Passer une porte (*Fifteen, All Too Well*) signale un renouveau, tandis qu'avoir un pied dehors (*Forever & Always*) suggère un manque d'engagement. Taylor met aussi un point d'honneur à situer la porte : d'entrée (*If This Was a Movie*), de derrière (*Speak Now, You Belong With Me*) et dérobée (*Exile*). Un geste aussi anodin que lui tenir la porte change toute sa perception de quelqu'un dans *Everything Has Changed*.

LES BAISERS, LA PLUIE, ET LES BAISERS SOUS LA PLUIE

Alors qu'une jeune Taylor est obsédée par une certaine image idéalisée de l'amour, le thème se poursuit avec la mise en scène d'un baiser dramatique dans pas moins de deux douzaines de chansons : la première fois « parfaite » (*Fearless*), la dernière fois (*Last Kiss*), une fois dans la pénombre (*Dancing With Our Hands Tied*) et dans une pièce bondée sous les yeux de ses amis (*Question...?*).

Hey Stephen traite à la fois d'un amour à sens unique et du fantasme de Taylor d'un baiser sous la pluie, deux de ses thèmes de prédilection ! Au moins vingt-sept chansons mentionnent un ciel pluvieux, à la fois pendant l'orage (*Sparks Fly, Cornelia Street*) et après, dans le calme après la tempête (*You All Over Me*). Les disputes de couple sous la pluie (*The Way I Loved You, ME!*) représentent bien la passion dans une relation amoureuse.

« En arriver à se hurler dessus dans la dispute, puis s'embrasser sous la pluie..., songe-t-elle à voix haute auprès de *CMT* à l'époque de "Fearless". Oui, j'adore écrire sur l'amour, s'embrasser, rompre, et les garçons en général, ça me fascine. C'est marrant qu'on puisse parler d'une même chose, comme s'embrasser, et que ça veuille dire quelque chose de complètement différent d'une chanson à l'autre. »

LE STYLE À TOUT PRIX

Minimaliste ou extravagant, on trouve de tout dans la garde-robe musicale de Taylor. La petite robe noire, un grand classique, est mentionnée plusieurs fois sur ses deux premiers albums (*Tim McGraw, The Other Side of the Door*). « Fearless » parle de sa « plus belle robe » tandis qu'on se souvient dans *Wildest Dreams* de sa « jolie robe ». Dans une métaphore sur *Clean*, son ex est comme une tache de vin sur une robe qu'elle ne peut plus porter, et *Miss Americana & the Heartbreak Prince* voit sa robe de bal se prendre dans les épines d'un buisson de roses. Plus suggestif, dans *Dress*, elle n'achète une robe que pour que son amant puisse la lui retirer. Enfin, Taylor révèle qu'elle s'habille pour passer le temps (*Death By a Thousand Cuts*) ou pour mener à bien sa vengeance (*Vigilante Shit*).

LA NUMÉROLOGIE

Tout le monde sait que le chiffre porte-bonheur de Taylor est le 13. Quoique mauvais présage pour certains, il ne correspond « qu'à des bonnes choses » pour la chanteuse, comme elle le dit à *MTV News* : « Je suis née un 13. J'ai eu treize ans un vendredi 13. Mon premier album a été disque d'or en treize semaines. Mon premier hit avait une intro de treize secondes. À chaque fois que j'ai gagné une récompense, j'étais assise au treizième rang, en place 13 ou en section 13 ou au rang M, qui est la treizième lettre de l'alphabet. » Étonnamment, elle n'utilise ce chiffre qu'une seule fois dans sa musique, quand elle parle des méchancetés de ses amies lorsqu'elle avait treize ans dans *The Best Day*.

« Ce truc de numérologie, quand ça n'arrive pas tout seul, je le force un peu », admet-elle à sur le plateau de Jimmy Kimmel en 2020, quelques jours après son trente et unième anniversaire. Pour preuve, les deux albums qu'elle sort coup sur coup, « folklore » et « evermore », contiennent respectivement seize et quinze chansons. « Si on fait l'addition, ça donne 31. Pour moi, c'est juste 13 à l'envers. »

L'ARC-EN-CIEL

L'usage de la couleur est si important dans la discographie de Taylor que chaque album a sa propre palette. Bien qu'elle n'en révèle jamais la signification (sauf pour « Red », bien sûr), elle joue régulièrement dessus. Elle débute son Eras Tour avec une manucure bien particulière : chaque ongle est verni d'une couleur correspondant à chacun de ses albums. De plus, la collection The Eras Tour sur son site officiel contient un bracelet *Bejeweled* avec douze pierres colorées, une pour chaque album de l'époque (de « Taylor Swift » à « Midnights », puis les réenregistrements de « Red » et « Fearless »). Taylor utilise la couleur tout particulièrement pour illustrer ses paroles en incorporant toutes les nuances possibles, de rouge au violet en passant par toutes les autres teintes.

ROUGE : Cette couleur est marquée au fer dans l'esprit de Taylor, à tel point que ça devient le titre de son quatrième album. Elle l'utilise également pour décrire les cheveux de sa meilleure amie Abigail (*Fifteen*), des joues empourprées (*Gold Rush*) et même les feux que son amant grille parce qu'il ne peut pas détacher son regard d'elle dans *All Too Well*. Ses diverses teintes ont ajouté de la nuance à de nombreuses chansons : lèvres carmin, lettre écarlate, taches de bordeaux sur un tee-shirt, et bien sûr, *Maroon*. Le rose, dérivé du rouge, est la couleur principale de « Lover », qu'on retrouve d'ailleurs dans le coucher de soleil qu'elle admire avec un ami dans *It's Nice to Have a Friend*, chanson n° 17 de l'album.

ORANGE/JAUNE : Si on mélange les deux, ça donne une teinte ambrée, la préférée de sa grand-mère dans *marjorie* de « evermore », album que l'on associe à une couleur orange brûlé. Le jaune, en revanche, va dans le sens de « Fearless », avec ses tons dorés.

VERT : Il représente le plus souvent son premier album (tout particulièrement dans des tons menthe). Mais c'est aussi la couleur de l'herbe de Centennial Park où Taylor lisait adolescente dans *invisible string*, alors que son futur petit ami Joe Alwyn portait l'uniforme turquoise du yaourtier londonien chez qui il travaillait à l'époque. Ce sont aussi des yeux verts qui la font craquer dans *Sparks Fly*, *Everything Has Changed* et *Wonderland*.

BLEU : De toutes les couleurs de l'arc-en-ciel, c'est le bleu qui apparaît le plus souvent dans les chansons de Taylor, avec plus de trente occurrences. Elle a le blues dans *Cruel*

Summer et chante le blues dans *Starlight* ; elle croise un regard indigo dans *I Think He Knows* et ses larmes sont des saphirs dans *Bejeweled*. Deux nuances de bleu sont associées à ses albums : bleu ciel pour « 1989 » et bleu nuit pour « Midnights ».

VIOLET : Taylor se perd dans un « brouillard lavande » dans *Lavender Haze* et admire des cieux rose et violet dans *invisible string*, de la même manière que ses jointures meurtries sont violettes après avoir combattu dans *The Great War*. Des années auparavant, c'était la couleur de « Speak Now ».

NOIR ET BLANC : Le noir, le blanc et le gris sont souvent présents dans la musique de Taylor. Ils sont fréquemment utilisés pour décrire un vêtement : une petite robe noire dans *The Other Side of the Door* ou un voile de mariée blanc dans *Speak Now* ; un mensonge cousu de fil blanc dans *Getaway Car* et un criminel en col blanc dans *Vigilante Shit*. « Reputation » est inondé de noir tandis que l'univers noir et blanc de « folklore » donne des tons gris. Pour « The Tortured Poets Department », Taylor se donne carte blanche, puis elle renverse la vapeur avec les couleurs sombres de « The Anthology ».

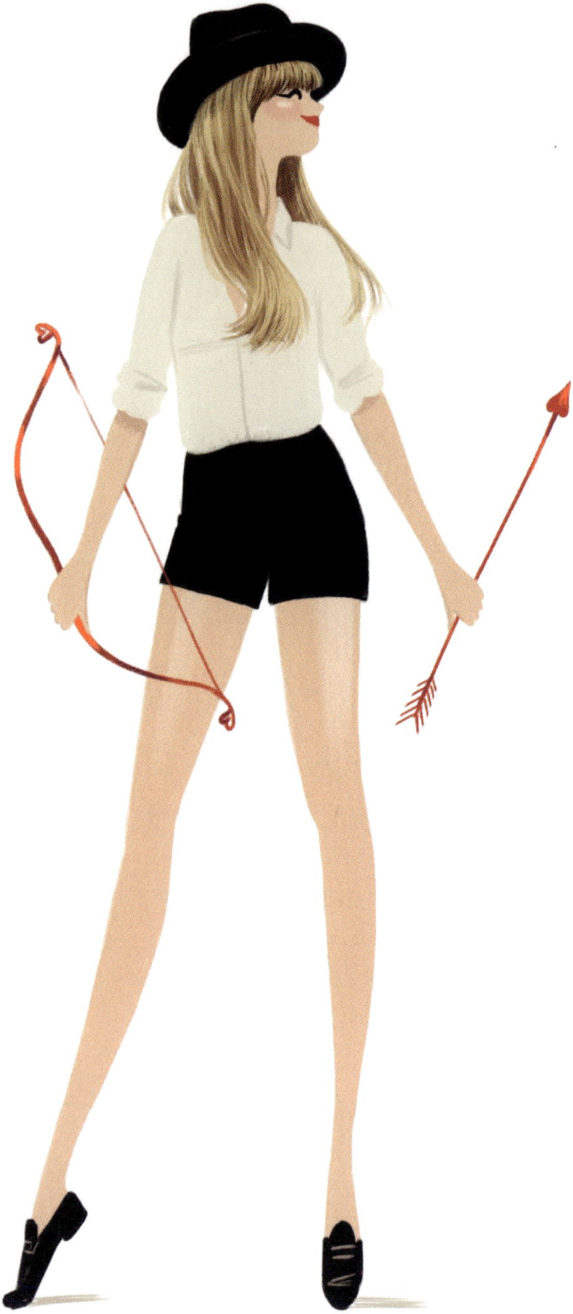

TAYLORSCOPE

Taylor est née le 13 décembre 1989 sous le signe du Sagittaire, un signe de feu qui aime et vit avec passion. Selon son thème astral, entre sa Lune en Cancer (créatif), Mars en Scorpion (passion) et plusieurs autres planètes en Capricorne (ambition), elle était destinée à cette industrie. Et ton destin à toi, c'est d'être l'un de ses plus grands fans.

BÉLIER *(21 mars-19 avril)*

Tu es intrépide, typiquement « Fearless ». Les Bélier affrontent les défis sans sourciller ni hésiter, parfois à tort, et surtout en amour : tu peux te montrer impulsif(ve) et plonger la tête la première dans une nouvelle relation en ignorant complètement les mauvais signes avant-coureurs. Tu peux blâmer ton signe de feu ; c'est aussi le cas du Sagittaire, celui de Taylor. En tant que premier signe du zodiaque, le Bélier est audacieux et son esprit compétitif fait de lui un leader confiant.

SI TU ÉTAIS UNE CHANSON, TU SERAIS : *THE MAN.*

TAUREAU *(20 avril-20 mai)*

C'est bien connu que si on veut quelque chose vite fait et bien fait, il faut un Taureau. Tu es responsable et fiable, prêt(e) à faire ce qui doit être fait quoi qu'il arrive. Mais après l'effort doit venir le réconfort, et de préférence ces chaussures de créateur sur lesquelles tu lorgnes depuis des mois. Sans surprise, les cadeaux sont ton langage d'amour (mais les *Paper Rings*, très peu pour toi !), tu acceptes cependant volontiers l'affection physique.

SI TU ÉTAIS UNE CHANSON, TU SERAIS : *DRESS.*

GEMEAUX *(21 mai-21 juin)*

Qu'est-ce qui est mieux qu'une personnalité ? Deux personnalités ! Le Gémeaux est représenté par des jumeaux, ce qui donne à ceux nés sous Mercure une profonde dualité : d'abord au cœur de la fête, puis complètement sérieux quelques secondes plus tard. Dans tous les cas, tu sais utiliser ta voix et communiquer ce que tu ressens de manière efficace, et tu es prêt(e) à embrasser bien des crapauds pourvu que tu finisses par trouver l'âme sœur.

SI TU ÉTAIS UNE CHANSON, TU SERAIS : *SPEAK NOW.*

CANCER *(21 juin-22 juillet)*

Où se trouve le cœur, là est la maison –où tu préfères passer le plus clair de ton temps, entouré(e) de ta famille. Tout comme Taylor, tu entretiens un lien très fort avec une figure maternelle ou une autre femme dans ta vie que tu admires et qui t'inspire. Tu es sensible et connecté(e) à tes émotions. Il semblerait que parfois, tu peines à trouver ta place dans ce monde, mais des chansons telles que *Shake It Off* parviennent toujours à saupoudrer optimisme et légèreté sur une situation tendue.

SI TU ÉTAIS UNE CHANSON, TU SERAIS : *LOVER.*

LION *(23 juillet-22 août)*

Tu as une forte personnalité (et tu l'assumes parfaitement !). Représenté par un lion, ton signe est le roi (ou la reine) de la jungle et tu adores être entouré(e) de ta cour d'amis, collègues et membres de ta famille. Heureusement, tu les divertis aisément avec un sens de l'humour unique et assez de dynamisme pour tenir sur 44 chansons à un concert. Signe de feu au même titre que le Sagittaire de Taylor, tu as le cœur sur la main mais tu vois rouge si tu n'es pas le centre de l'attention.

SI TU ÉTAIS UNE CHANSON, TU SERAIS : *ME!*

VIERGE *(23 août- 22 septembre)*

Signe de terre jusqu'au bout des ongles, la Vierge apprécie tout ce qui a trait à la nature, aux animaux ou à une alimentation saine. N'oublie pas que l'on a besoin de connexion humaine de temps en temps – quand ton esprit a besoin d'être revigoré, écoute simplement *Bejeweled*, ça devrait suffire. Tu lis beaucoup ou bien tu écris (et sinon, tu devrais !), et les intrigues et les trajectoires des personnages de « folklore » ont pour toi une place toute particulière parmi toute la discographie de Taylor.

SI TU ÉTAIS UNE CHANSON, TU SERAIS : *SEVEN.*

BALANCE (23 septembre-22 octobre)

La Balance est le signe le plus juste et le plus équilibré du zodiaque, aussi vises-tu toujours la justice et l'égalité. Ton esprit est aiguisé grâce aux livres que tu dévores et aux conversations de qualité que tu cultives, et ton âme se nourrit de ballades au musée ou de week-ends dans les bois. Il est important pour toi de trouver l'âme sœur mais aussi de vivre en harmonie dans une relation. Quand le monde te semble injuste, tourne-toi vers *peace*.

SI TU ÉTAIS UNE CHANSON, TU SERAIS : *KARMA*.

SCORPION *(23 octobre-21 novembre)*

Le mystérieux Scorpion est le signe d'eau le plus passionné. Aucun doute sur ce que tu recherches : la connexion émotionnelle et physique la plus profonde possible avec ceux que tu aimes, en amour comme en amitié. Tu es honnête, loyal(e) et acharné(e), et tous les liens que tu noues sont faits pour durer, même si ça se termine mal.

SI TU ÉTAIS UNE CHANSON, TU SERAIS : *IT'S NICE TO HAVE A FRIEND*.

SAGITTAIRE *(22 novembre - 21 décembre)*

Le Sagittaire, qui se trouve être le signe de Taylor, est rêveur et efficace. Tu as une curiosité et un esprit philosophique innés et il n'est pas exclu que tu fasses le tour du monde à la recherche du sens de la vie. Au quotidien, on peut te trouver dans un jardin public ou en randonnée. En amour, tu recherches quelqu'un d'aventureux et ouvert d'esprit. Cependant, tes relations peuvent se dénouer aussi vite qu'elles se nouent. Ne baisse pas tes standards et garde le cœur ouvert.

SI TU ÉTAIS UNE CHANSON, TU SERAIS : *THE ARCHER*.

CAPRICORNE *(22 décembre-19 janvier)*

Ton ambition n'a aucune limite et tu fonces sans jamais t'arrêter (la faute à Saturne, peut-être), ce qui explique ton amour pour l'écriture prolifique de Taylor. Tout comme elle, tu cherches l'équilibre entre ta vie professionnelle et personnelle et tu consacres le peu de temps libre que tu as à ton entourage. Une fois ton objectif fixé, rien ne peut t'en détourner, qu'il s'agisse de te procurer des billets pour l'Eras Tour ou d'attirer l'attention de l'objet de ton désir. Tu n'es pas non plus du genre à pardonner.

SI TU ÉTAIS UNE CHANSON, TU SERAIS : *VIGILANTE SHIT*.

VERSEAU *(20 janvier-18 février)*

Grâce à sa planète maîtresse, l'imprévisible Uranus, le Verseau a la personnalité la plus singulière du zodiaque. Il est unique en son genre et se battra toujours pour ses convictions progressistes. Cela peut se manifester à la fois dans la lutte contre le changement climatique (après tout, c'est un signe d'air) et dans le besoin de convertir ses amis au « swiftisme ». Tu es d'une grande intelligence et tu préfères une tête bien pleine à une tête bien faite en amour. Pour te séduire, il faut être spirituel et intellectuel, et avoir une conversation intéressante.

SI TU ÉTAIS UNE CHANSON, TU SERAIS : *CHANGE*.

POISSONS *(19 février-20 mars)*

Tu es un(e) incorrigible romantique et ta passion pour l'art (et notamment la musique) explique ton amour pour Taylor Swift. Quand tu tombes amoureux(se), c'est pour de vrai et si la fin n'est pas heureuse, c'est une catastrophe pour toi. C'est parce que les Poissons ont beaucoup d'empathie et ressentent tout à haute intensité, ce qui provoque vite un rollercoaster émotionnel. Si tu veux échapper à la réalité, « l'étrange sérénité » d'« evermore » fonctionne à tous les coups pour Taylor.

SI TU ÉTAIS UNE CHANSON, TU SERAIS : *LOVE STORY*.

REMERCIEMENTS

Taylor Swift, le Guide Ultime est un travail de longue haleine et le résultat de seize années passées à décoder des Easter Eggs, à analyser les paroles de chansons, à faire la queue pour avoir des billets de concert, à additionner des chiffres jusqu'à arriver à 13 — et à ne jamais s'en lasser.

Merci à tous ceux qui m'ont écoutée radoter pendant des heures sur Taylor, surtout si c'était contre votre gré.

Merci à mon cercle intime de Swifties : Marc, Carrie et Cristina.

Merci à mes parents pour leur amour et leur soutien sans faille, pour toujours et à jamais.

À PROPOS DE L'AUTRICE

Kathleen Pericone est une biographe ayant de nombreux titres publiés à son actif sur Marilyn Monroe, John F. Kennedy, Anne Frank, Barack Obama, Taylor Swift, Beyoncé, et bien d'autres encore. Ces vingt dernières années, Kathleen a également été éditrice pour la presse people à New York et a travaillé pour Yahoo!, Ryan Seacrest Productions ainsi que pour une célèbre famille de téléréalité qu'on ne nommera pas. Elle vit à Los Angeles.

Pour l'édition originale

Titre original : *Taylor Swift is life - A Superfan's Guide to All Things We Love About Taylor Swift*
© 2024 by Quarto Publishing Group USA Inc.
Text © 2024 by Kathleen Perricone

Tous droits réservés. Aucune partie de ce livre ne peut être reproduite sous quelque forme que ce soit sans l'autorisation écrite des détenteurs des droits d'auteur.
Ce livre n'est pas affilié et n'a pas été autorisé ou approuvé par Taylor Swift. Il s'agit d'une publication non officielle.

Pour l'édition française

© 2024 Larousse

Éditions Larousse
21, rue du Montparnasse
75283 Paris Cedex 6

Direction de la publication
Carine Girac-Marinier

Édition
Véronique Tahon

Traduction
Laura Ance

Couverture et mise en page
Laurent Grolleau - Ma petite FaB

Imprimé en Bosnie-Herzégovine

Dépôt légal : octobre 2024
ISBN : 978-2-03- 607615-0

FSC
www.fsc.org
MIXTE
Papier | Pour une gestion forestière responsable
FSC® C118234